LE

Poison Scolaire

ou

les Manuels

condamnés

par l'Episcopat

Hégésippe VERAX

E. VITTE, Éditeur
3, PLACE BELLECOUR, LYON
24, RUE DE L'ABBAYE, PARIS

LE POISON SCOLAIRE

ou

les Manuels condamnés par l'Episcopat

LE

POISON SCOLAIRE

ou

LES MANUELS

condamnés par l'Episcopat

par

Hégésippe VERAX

E. VITTE, Editeur

3, place Bellecour, LYON | 14, rue de l'Abbaye, PARIS

Le Poison Scolaire

ou

LES MANUELS CONDAMNÉS PAR L'ÉPISCOPAT

PROLOGUE

A voir la campagne que mène aujourd'hui la presse libre penseuse, à
voir l'acharnement déployé par certaines associations amicales d'instituteurs contre les évêques français, on
se demande quelle cause a pu susciter
autant de colère. La cause, c'est tout
simplement une lettre collective que
nos premiers pasteurs ont envoyée
aux parents chrétiens.

Dans cette lettre, ils rappellent aux
pères et aux mères de famille le droit
imprescriptible qu'ils ont, de procurer
à leurs enfants « une éducation conforme aux exigences de leur foi religieuse »; le droit et le devoir qu'ils
ont, de choisir une école « où leurs
enfants puissent être élevés comme
les croyances de leurs parents le ré-

clament ». Considérant ensuite que, dans l'état de choses actuel, il existe deux sortes d'écoles : l'école libre et chrétienne et l'école publique, ils rappellent aux parents qu'ils doivent préférer la première à la seconde. Mais, malheureusement, il n'y a pas partout des écoles libres et, sept fois sur dix, les parents chrétiens n'auront à leur disposition que l'école publique qui, par suite des lois de 1882, ne donne aucun enseignement religieux. Ce que pense l'Eglise de la neutralité scolaire, nous le savons par la condamnation qu'en ont portée Pie X et Léon XIII. Fréquenter l'école publique quand on peut s'en dispenser, c'est donc désobéir à l'Eglise et manquer à sa foi. J'ai dit : « Quand on peut s'en dispenser », car l'Eglise, toujours bonne, toujours indulgente, tolère qu'on fréquente l'école publique quand il y a des motifs sérieux de le faire, mais elle ne permet de profiter de cette tolérance qu'à deux conditions : « Il faut que rien, dans cette école, ne puisse porter atteinte à la conscience de l'enfant ; il faut, en outre, que les parents et les prêtres suppléent, en dehors des heures de classe, à l'instruction et à la formation religieuse que les élèves n'y peuvent recevoir ». Eh bien ! de ces deux conditions, la première est-elle remplie ? Les évêques répondent : Non. « A l'heure actuelle, disent-ils, personne ne peut le nier, un grand nombre d'écoles, soi-disant neutres, ont perdu ce caractère. Les instituteurs qui les dirigent ne se font pas scrupule d'outrager la foi de leurs élèves, et ils commettent cet inqualifiable abus de confiance soit par les livres classiques, soit par l'enseignement oral, soit par mille autres industries que leur impiété leur suggère. » De l'enseignement oral donné par les maîtres antireligieux, il n'est pas facile de se rendre compte, mais on peut présumer quel il est par les manuels donnés aux enfants. Or, un bon nombre de ces manuels sont notoirement impies.

Usant de leur autorité, les évêques ont condamné ces sortes de manuels et notamment les suivants :

CALVET. — *Histoire de France*.

GAUTHIER et DESCHAMPS. — *Histoire de France*.

GUIOT et MANE. — *Histoire de France*.

ROGIE et DESPIQUES. — *Histoire de France ; Petites lectures sur l'Histoire et la Civilisation française*.

DEVINAT. — *Histoire de France*.

BROSSOLETTE. — *Histoire de France*.

AULARD et DEBIDOUR. — *Histoire de France*.

AULARD. — *Eléments d'Instruction Civique*.

Albert BAYET. — *Leçons de morale*.

Jules PAYOT. — *Cours de morale ; La morale à l'école primaire ; Manuel d'éducation morale, civique et sociale; Manuel de lectures classiques*.

Tele est la liste dressée par les évêques dans leur lettre collective. Vous pensez bien que la franc-maçonnerie et la libre pensée ne pouvaient laisser passer un tel acte sans protestation. Eh ! quoi, les évêques oser mettre à l'index des ouvrages dus à la plume de professeurs éminents de l'Université, des ouvrages recommandés par le ministre ! A-t-on jamais vu pareille audace ? Ces Messieurs ne réfléchissent pas que ce qu'ils reprochent aux évêques, ils le pratiquent eux-mêmes tous les jours. Elle serait longue à dresser, la liste des livres excellents auxquels le Conseil supérieur interdit l'entrée de l'école publique et sous quel prétexte ? Sous le prétexte qu'on y découvre quelques phrases où il est mal parlé de la Révolution, où les régimes antérieurs à celui d'aujourd'hui ne sont pas assez malmenés, où les lois de la troisième République sont un tant soit peu critiquées. Et cependant, les auteurs et les éditeurs de ces ouvrages ne disent rien. Ils subissent sans se plaindre le dommage qui leur est causé. Ce sont des cléricaux. Ils doivent tout souffrir. Mais que les évêques, remplissant leur charge apostolique, condamnent des manuels impies, immédiatement on ameute l'opinion. Auteurs, éditeurs et tous ceux qui se servent de ces manuels, jettent les hauts cris et aujourd'hui même plusieurs Sociétés amicales d'instituteurs attaquent les évêques devant les tribunaux.

Quoi qu'il advienne de ces poursuites, je pense qu'il y a mieux à faire que d'offrir à nos Pères dans la foi de stériles sympathies. Appelons-en à l'opinion en démontrant combien est fondée la condamnation des manuels ci-dessus désignés. Les évêques se sont placés uniquement au point de vue religieux, le seul qui les regarde. Nous nous placerons, nous, au triple point de vue religieux, patriotique et social. Laissons maintenant la parole aux auteurs des manuels. Pour tout homme de bonne foi, ils seront eux-mêmes leurs juges.

***

Voici d'abord M. Payot. — « *Ce qui manque, dit-il, à l'école laïque, c'est un enseignement moral indépendant, non pas seulement de tout dogme, mais de l'état d'esprit qui résulte de longues traditions confessionnelles. L'enseignement moral doit être laïcisé.* » Telle est la déclaration par laquelle débute le *Cours de Morale* de l'ancien recteur de Chambéry. Ainsi, d'après lui, l'enseignement moral donné depuis les lois de 1882 n'est qu'un simple démarquage de la morale religieuse. Les libres penseurs doivent donc tenir à honneur de le remplacer. M. Payot va tenter ce travail qui ne laissera pas que d'être dur, mais pour lequel il trouvera d'ardents collaborateurs. Un des premiers, c'est *M. Albert Bayet, ancien*

*élève de l'École normale supérieure
et agrégé de l'Université.* Rendons à
celui-ci le témoignage qu'il ne tourne
pas autour des mots. L'avertissement
placé en tête de son *Manuel de Morale
et d'Instruction civique* (1907)
nous dévoile franchement sa pensée.
« *La morale enseignée dans ce Manuel est laïque et positive, c'est-à-dire
indépendante de toute confession religieuse et de tout système métaphysique de l'inconnaissable. Nous avons
supprimé les chapitres relatifs à
l'existence de Dieu. Ces chapitres, qui
pouvaient blesser certaines convictions, ont été remplacés par d'autres
dans lesquels nous énumérons les
principales religions et nous indiquons les différences entre les vérités
scientifiques que l'ignorance seule
peut refuser d'admettre et les croyances religieuses et métaphysiques que
chacun de nous a le droit d'accepter,
de rejeter ou de modifier à son gré.* »
Vous le voyez : c'est on ne peut plus
clair.

I

DIEU

D'un trait de plume M. Bayet le
biffe. Pourquoi ? Parce que, dit-il,
« *nous ne savons pas scientifiquement s'il y en a un ou si, au contraire, il n'y en a pas. Tout cela, nous*

ne le savons pas, et nous ne le sau-
rons jamais, scientifiquement, quoi
que nous fassions. Les sciences ne
peuvent nous l'apprendre. Toutes ces
choses que l'homme ne connaît pas
et ne peut pas connaître scientifiquement s'appellent les choses incon-
naissables ou en seul mot : l'Inconnaissable. » (P. 151). Il est vieux, ce
sophisme ! Ce que la raison ou, si
vous le voulez, la science humaine, ne
peut connaître, c'est l'essence de Dieu,
mais non pas son existence. L'école spi-
ritualiste représentée par Cousin et
Jules Simon admet parfaitement, avec
saint Paul, saint Thomas et le Con-
cile du Vatican, que « la raison humaine peut arriver par ses seules
forces à la pleine certitude de l'existence du vrai Dieu, unique créateur
et maître des hommes. » Mais le spi-
ritualisme ne compte plus pour M.
Payot. Voyez comme il le raille agréa-
blement : « Ce fut une espèce de protestantisme libéral moins les évangiles. Il est mort de sa belle mort. »
(P. 231). Pourtant M. Payot dit avoir
quelque prétention à un spiritualis-
me nouveau genre. « L'hypothèse métaphysique que j'accepte personnellement... qui paraît le plus acceptable, est une espèce de monisme spi-
ritualiste. » (P. 231). Voyons donc
quelle est cette hypothèse métaphysique à laquelle il se rallie. « Cette puissance énorme (l'Univers), nous
croyons qu'elle tend vers une raison
de plus en plus nette et qu'elle tra-

vaille à la souveraineté de l'esprit dans le monde !?!? Croire cela est légitime. Rien ne nous autorise à penser que la puissance qui, pendant des milliers de siècles (??), s'est efforcée de développer une raison de plus en plus haute, aboutira-tout à coup à un néant d'ailleurs inconcevable. L'homme de Nietzche plein d'enthousiasme à la vue du progrès prodigieux réalisé par la race humaine DEPUIS SON PASSÉ ANIMAL, l'homme est la plus heureuse, la plus inattendue et la plus passionnante des réussites de cette puissance inconnaissable que les uns appellent Dieu, d'autres le hasard, d'autres la nature. » (P. 26). O M. Payot ! que vous feriez bien d'allumer votre lanterne ! Mais notre auteur semble se complaire de plus en plus dans l'obscurité. Peut-être a-t-il peur qu'on le comprenne: « La croyance à l'orientation raisonnable de la Puissance inconnue donne un élargissement grandiose ??!! à nos sentiments et à notre espoir, si nous l'acceptons de cœur ??!! Quand nous ferons effort pour une vie plus intense et plus noble, nous aurons conscience de collaborer non seulement avec les plus sages et avec les meilleurs d'entre les hommes, mais avec l'univers. (C'est cela qui nous consolera !) Cette croyance est un acte de foi, elle a pour elle des raisons très fortes. (Lesquelles, s'il vous plaît ?) et à une de nos initiatives affirme la vie comme déraisonnable ou comme raisonnable ??? Bien agir, c'est décider

que le fond des choses est la raison.
Mal agir, c'est décider le contraire.
Toute action importante, morale ou im-
morale, est l'adoption de l'une ou l'autre
croyance. » (P. 17). La traduction française de ce galimatias se borne, ce
nous semble, aux propositions suivantes qui, elles du moins, sont claires et précises : 1° Il n'y a qu'une
force toujours en évolution, l'Univers;
2° Le dernier et le plus magnifique
terme de cette évolution, c'est la raison humaine ; 3° La raison humaine
se perfectionne de plus en plus ; 4° Par
conséquent, conduisons-nous d'après
la Raison et ainsi nous collaborerons
avec l'Univers. Telle est sans doute la
pensée de M. Payot: Autrement dire
qu'il est panthéiste-idéaliste est que
ces élucubrations nébuleuses sont
tout simplement de l'Auguste Comte
et du Renan démarqués.

Et voilà le principe du cours de
morale destiné aux maîtres de l'enseignement primaire et de l'enseignement secondaire et aux élèves des
écoles normales d'instituteurs et d'ins-
titutrices. Voilà sur quelle base incer-
taine ceux-ci apprendront à construire
l'édifice des devoirs de la jeunesse laïque.

II

L'AUTRE VIE

Une autre conséquence logique de
la négation de Dieu, c'est la négation

de l'au-delà. M. Bayet ne recule pas
devant elle : « *Nous savons scientifiquement que les hommes meurent
parce que nous les voyons mourir,
mais nous ne savons pas scientifiquement ce qu'ils deviennent après leur
mort. Nous ne savons pas scientifiquement si après la mort il y a une
autre vie.* (MORALE ET INSTRUCTION CI-
VIQUE, Cours moyen, p. 150). D'ailleurs M. Bayet ne fait que reproduire
M. Payot : « *Libre à chacun d'y croire et d'imaginer une survie telle qu'il
l'espère, mais nul au nom de cette
espérance ne peut plus imposer ni ses
terreurs ni ses croyances.* » (COURS
DE MORALE, p. 198).

III

LES SANCTIONS DE L'AUTRE VIE

Certes, s'il est un dogme devant lequel la raison humaine doive s'incli-
ner, c'est bien celui-là. L'incrédulité
aura beau dire, pourra-t-elle nier que,
sur la terre, le crime demeure souvent impuni et même triomphant ?
Pourra-t-elle nier que la vertu soit,
par contre, souvent malheureuse et
méprisée ? Eh bien ! alors, s'il n'y a
pas une autre vie, où donc le crime
sera-t-il puni ? où donc la vertu sera-
t-elle récompensée ? Ainsi parle le

bon sens; ainsi parle l'antique sagesse des peuples. Nous pouvons dès lors être sûrs que M. Payot parlera autrement. Pour lui, la croyance aux châtiments de la vie future n'est pas seulement une illusion, elle est un mal : « *La croyance que Dieu punira les méchants, a endormi la conscience sociale et contribué à rendre pusillanimes les gens de bien qui laissent libre carrière aux injustes, aux fauteurs de vices : qu'importe, puisque la punition exemplaire viendra.* » (COURS DE MORALE, p. 199). Et de plus en plus excité, il tourne en dérision la prédication de ce dogme par l'Eglise. « *Généralement, dit-il, on ne se rend pas compte de ce qu'elle implique d'irréligieux, disons le mot, de scandaleux. Cela en effet revient à affirmer que, dans le monde, les méchants réussissent et qu'être honnête, c'est se sacrifier. Une telle affirmation dénote une conception très vulgaire et très fausse du bonheur. En assurant que les bons sont malheureux dès cette vie, que veut-on dire ? Que les maisons richement meublées, les beaux parcs, les chevaux de race, les glaces, les beaux habits, les bons vins, le luxe en un mot, et l'oisiveté appartiennent à des gens sans principes. Au contraire, les bons sont ici-bas astreints au travail, pauvres et méprisés, mais plus tard, dans une autre vie, il y aura pour eux la contrepartie. Qu'est-ce à dire, sinon qu'à leur tour, ils pourront ne rien faire et* qu'ils mangeront du chevreuil, des gâteaux, qu'ils fumeront des havanes, qu'ils boiront du champagne, qu'ils porteront du linge fin glacé et des bottes vernies. » Que dites-vous de cette caricature du Paradis chrétien ? Je pense, moi, que c'est tout simplement une indignité.

IV

LES ANGES. — LES DÉMONS. L'ENFER

Puisque le monde suprasensible n'existe pas, toutes ces croyances catholiques ne sont que des légendes auxquelles il convient de donner une autre signification. « *On disait dans le temps que chaque enfant avait son ange gardien qui veillait sur lui et qui l'aimait. Chaque travailleur en a des milliers. Le bûcheron n'est pas seul dans sa forêt : il est entouré d'invisibles collaborateurs qui sont ses anges gardiens. A chaque coup de cognée qu'il donne, l'univers collabore avec lui, ajoutant à sa force celle de la gravitation universelle. Avec lui collaborent aussi les efforts de millions d'âmes humaines* (M. Payot dit : âmes !) *qui ont peiné et passé par des alternatives de tristesse et de joie.* » (LA MORALE A L'ECOLE, p. 122). Ils sont bien vivants, les anges gardiens de M. Payot ! — Plus d'anges, plus de démons. « *Au moyen âge on représentait saint Antoine, avec un cochon sous les pieds, pour montrer qu'on ne devient un saint qu'à la condition d'avoir vaincu ses vilains instincts. D'autres saints sont représentés comme saint Georges terrassant un dragon ; d'autres luttent contre les démons. Chacun de nous fait de même, car pour devenir des hommes, nous devons lutter contre des démons, des revenants immondes ou méchants. Ces démons, ces animaux, ces revenants, ce sont la lâcheté, la paresse, la violence, l'orgueil, l'envie* (p. 27). — Ne cherchons pas non plus le paradis et l'enfer dans des lieux inconnus : ils sont sur la terre et pas ailleurs. « *Il faut être inattentif pour ne pas voir que dès cette vie les méchants sont en enfer et les honnêtes gens en paradis. On se figure l'enfer comme un lieu de souffrances, de désespoir. Mais n'est-ce pas vraiment l'enfer que la vie d'un alcoolique malpropre, répugnant, méprisé, qui fait de sa vie de famille une vie de disputes, de désespoirs sans noms ?* » Y a-t-il beaucoup d'alcooliques qui se figurent être en enfer ? L'ont-ils dit à M. Payot ? « *N'est-ce pas au contraire, un véritable paradis que la vie belle et noble d'une femme honnête, bonne, juste, qui élève ses enfants dans le devoir, qui est indulgente, charitable ?*

« *Avec l'instruction accessible à*

tous, une fille-de pauvres paysans dans sa chaumière perdue en pleine campagne peut vivre dans l'intimité des plus généreux et des plus nobles penseurs de l'humanité » (MANUEL. p. 145). Tel est le paradis promis par M. Payot à ses disciples ! Haussons les épaules !... et hâtons-nous de lui répondre par la définition que donnent l'Ecriture et saint Augustin de l'éternelle béatitude : « L'œil de l'homme n'a pas vu, son oreille n'a pas entendu et son cœur ici-bas ne comprendra jamais ce que Dieu réserve à ceux qui l'aiment ». — « Dieu sera le rassasiement de tous nos désirs, lui que nous verrons san fin, que nous louerons sans fatigue et que nous aimerons sans dégoût. »

Avec cet enseignement, qui est celui du catéchisme, sa prière et la grâce apportée par les sacrements de l'Eglise, la jeune fille de campagne mise en scène par M. Payot, sera certainement plus chaste, plus forte, plus heureuse qu'à méditer un Manuel de morale païenne, fût-il d'un Marc-Aurèle ou d'un Renan.

V

L'HOMME ET SON ORIGINE

Pour enlever à l'homme la consolation de croire en Dieu, pour lui dénier les sanctions de l'autre vie, il faut que les libres penseurs se fassent de son origine et de sa nature une singulière conception. L'enseignement de l'Eglise nous le représente apparaissant sur la terre à l'âge adulte, orné à la fois des dons de la nature et de la grâce, intelligent, libre, en relations intimes avec Dieu. Telle est la vérité catholique. Elle est trop belle, trop idéale pour nos manuels. Au lieu de cet homme, ils nous donnent : « *Un chimpanzé à peine dégrossi.* »

Disons cependant, à la décharge de plusieurs d'entre eux, qu'ils n'osent pas professer ouvertement *l'animalité de l'homme primitif* ; mais, pour M. Payot (puisque les autorités qu'il cite dans son *Cours de Morale* admettent que l'origine des animaux et de l'homme est commune, et qu'il n'y a pas entre eux de différence spécifique, mais seulement une différence de degré), c'est comme s'il admettait lui-même cette théorie. M. Primaire, lui, est plus net : « *Nous sommes loin, dit-il, d'être sortis de l'animalité primitive. Pourtant un immense progrès s'est accompli depuis les temps antiques.* » (MANUEL D'ÉDUCATION, p. 4). D'ailleurs des historiens, ceux-là, à prétentions assez hautes, ont précédé MM. Payot et Primaire dans cette voie ; nous entendons désigner MM. Driaut et Monod. Voyez avec quel dédain ils parlent de l'humanité encore au berceau : « *Avait-elle vraiment une histoire, cette humanité in-*

culte ?. Les animaux n'en ont pas. »
(HISTOIRE GÉNÉRALE, 1re année, p. 3).
Contemplez maintenant le portrait
que l'on trace de notre ancêtre : « *Pareil aux animaux, aux grands singes
de nos forêts, par exemple, l'homme
primitif en avait les mœurs. Il n'y
avait pour lui ni morale, ni lois. Il
ignorait la justice, la pitié, la charité,
le respect d'autrui. Ce n'était qu'une
brute* » (Primaire. MANUEL D'ÉDUCA-
TION, p. 4 et 5). « *L'intelligence des
premiers hommes devait être moindre
encore que celle des sauvages. Leur
crâne était très bas et ils devaient
être plus tristes et plus stupides que
les sauvages les plus à plaindre.* »
(Payot. LA MORALE A L'ÉCOLE, p. 10).
« *Dans l'âge préhistorique, l'existence
de l'homme est à peine supérieure à
celle des bêtes fauves.* » (COURS DE
MORALE, p. 13). « *L'homme primitif
n'était guère supérieur aux animaux,
mais son intelligence s'ouvrit peu à
peu.* » (Rogie et Despiques. PETITES
LECTURES SUR L'HISTOIRE DE LA CIVILI-
SATION FRANÇAISE). « *Les hommes des
temps préhistoriques vivaient par tribus. A l'égard des hommes des autres
tribus ils étaient d'une cruauté terrible. Sans doute, dans leur tribu
même, ils devaient traiter les femmes
plus faibles avec rudesse. Ils devaient
être durs par défaut d'intelligence
C'est ainsi que les enfants sont si souvent cruels, parce qu'ils ne s'imagi-
nent pas la douleur qu'ils infligent.* »
(Payot. LA MORALE A L'ÉCOLE, p. 12).

Il va sans dire que si les premiers hommes étaient tels qu'on les dépeint, il leur fallut pas mal de temps pour arriver au degré de civilisation que la préhistoire leur reconnaît. Sur ce point les Manuels sont larges. « *On voit que l'homme existe sur la terre depuis des milliers et des milliers d'années.* » (Rogie et Despiques. Petites lectures sur l'Histoire de la civilisation française, p. 10). « *On croyait autrefois que les hommes existaient depuis six mille ans seulement. Aujourd'hui, nous savons que des hommes vivaient, il y a peut-être deux cent mille ans. Si l'on représente cent ans par une hauteur d'un mètre, si pour chaque siècle. on dresse une nouvelle hauteur d'un mètre, l'antiquité de l'homme sera représentée par deux mille mètres de haut. Nous voyons quelle durée énorme nous sépare des premiers hommes. Combien de milliards d'enfants sont nés, ont grandi et sont morts. L'imagination demeure confondue quand elle se représente cette prodigieuse succession d'enfants et d'hommes sur la terre.* » (Payot. La Morale a l'École, p. 4 et 5).

Mais de quel droit affirme-t-on aussi crânement ces opinions risquées ? Du droit que donne la science ? La science sérieuse, réfléchie, qui pèse le pour et le contre, n'admet pas de telles hypothèses. Mortillet, il est vrai, donne à l'homme 230 à 240,000 ans d'existence. On lui a prouvé au

Congrès de Fribourg (1897), que ces chiffres manquaient non seulement de preuves, mais n'arrivaient pas même à arguer d'une probabilité sérieuse. De son côté, M. de Lapparent, après les avoir discutés, les a fait littéralement fondre dans ses mains. Quant à la sauvagerie renforcée des hommes primitifs, rangeons-la aussi dans le domaine des fables. Loin d'en faire des sauvages, les découvertes préhistoriques nous les donnent comme intelligents, ingénieux, adroits, possédant des goûts artistiques, en un mot comme des êtres civilisés et sociables. Par contre, les études les plus sérieuses faites sur les sauvages d'aujourd'hui s'accordent à reconnaître en eux non pas des arriérés qui n'ont pas encore franchi les premières étapes de la civilisation, mais des dégénérés. Quand donc MM. Rogie et Despiques nous disent : « *Actuellement, il y a encore à la surface de la terre des hommes, qui n'ont pas suivi la marche de la civilisation : les peuplades barbares de l'Afrique et de l'Océanie. L'étude de leur vie nous permet de mieux comprendre ce que fut l'existence des premiers hommes, nos ancêtres.* » (PETITES LECTURES, p. 9), ils font tout simplement ce qu'on appelle *une pétition de principe*, ils affirment ce qu'ils devraient prouver.

Et maintenant, enfants et jeunes gens, vous voyez quel abîme sépare la doctrine de l'Eglise de la doctrine des Manuels libres penseurs sur l'homme primitif. Entre l'Eglise qui nous le représente comme « couronné par Dieu de gloire et d'honneurs » et celle qui nous en fait l'être abject que vous avez vu, je pense que votre choix sera bientôt fait.

VI

COMMENT DES APACHES ON FAIT DES CIVILISÉS

Procédé Payot et Cie
(avec garantie du Gouvernement)

Je suppose que l'on prenne une centaine d'hommes grossiers, malfaisants, féroces, ne cherchant que la satisfaction de leurs plus bas instincts, qu'on les isole du reste du monde et qu'on les parque dans la même localité ; qu'adviendra-t-il ? Le bon sens répond qu'ils se dévoreront entre eux. Eh bien ! M. Payot n'est pas de cet avis. Selon lui, ces apaches deviendront, avec le temps, des civilisés capables de concevoir les idées morales. Vous m'accorderez facilement que, d'après le portrait qu'on nous a donné d'eux, les hommes primitifs étaient bien des apaches. D'ailleurs, de peur que nous en doutions, M. Payot charge encore ce portrait : « *Pour être assurés, dit-il, de la bes-*

tialité des ancêtres lointains, il n'y a qu'à regarder le front bas et étroit, la mâchoire énorme de leurs squelettes... Ils ne sortaient de leur apathie que par des accès de fureur sanguinaire. » (COURS DE MORALE, p. 20.) Mais comment ces apaches sont-ils donc devenus peu à peu des civilisés ? Par le procédé magique de la *coopération*. Ecoutons et efforçons-nous de ne pas rire : « *L'animal, comme l'homme, a la sensibilité et l'intelligence, mais les hommes ont une supériorité décisive : ils ont pu coopérer. La mise en commun des découvertes a prodigieusement accru la sagacité de chacun. La vie en société a permis le développement des sentiments de bonté et de justice* » (p. 13). Excellent logicien, permettez-moi de vous poser une question : Comment la vie en commun a-t-elle pu développer dans vos apaches les idées de bonté et de justice dont vous parlez, si aucun d'entre eux n'en possédait déjà le germe en lui-même ? Et, s'il le possédait déjà, ce n'était pas la coopération qui le lui avait donné. Cet argument seul suffit à faire crouler tout le système. Mais M. Payot n'y regarde pas de si près. Il tient à son idée de coopération. Suivons-le jusqu'au bout. Ce serait dommage de nous priver du plaisir de le lire. On a si peu d'occasions de se payer une pinte de bon sang. L'homme peut coopérer et c'est ce qui fait sa supériorité. « *Au contraire, si nous mettons à part les abeilles et les four-*

mis, *dont l'intelligence est bornée, les animaux vivent isolés, et les chiens sauvages ne sont probablement pas beaucoup plus intelligents ni beaucoup meilleurs que les chiens contemporains de l'âge de pierre... L'expérience des chiens gaulois, égyptiens, grecs, romains, celle des chiens des* XVIIe *et* XVIIIe *siècles ne profite au nouveau venu qu'en gros et dans la mesure seulement où un cerveau plus riche se transmet par l'hérédité. Les découvertes précises des chiens les plus observateurs s'éteignent avec eux : la coopération entre individus d'une même génération est faible, elle est presque nulle entre les générations successives.* » (p. 13).

Mais, ici encore, M. Payot va se détruire lui-même. Puisque c'est de la coopération que sort tout progrès et que les abeilles et les fourmis coopèrent, on doit pouvoir signaler des progrès chez elles. Or cela n'existe pas. Abeilles et fourmis font ce qu'ont fait leurs devancières, rien de moins, mais aussi rien de plus. Continuons : « *Grâce au travail en société, les hommes sont moins esclaves de la nature. Ils ont construit des maisons, lutté contre la souffrance, amélioré leur nourriture. Ils sont plus libres, c'est-à-dire plus raisonnables (?) moins tyrannisés par les revenants. Ils se sont affranchis jusqu'à penser librement. Ils ont conquis la liberté politique. L'enfant, la femme, la jeune fille, si malheureux autrefois, sont enfin protégés.* » (LA MORALE A L'ÉCOLE,

1.

p. 22.) Décidément, quelle belle chose que la coopération ! Quelle panacée ! Et dire qu'avant Auguste Comte et ses copistes on ne l'avait pas découverte ! Fallait-il que la philosophie fût en retard ! Il va sans dire que, parmi les conquêtes de la coopération, la plus grande, c'est de nous avoir affranchis de la tyrannie des revenants. « *La peur des revenants est la forme naïve d'une vérité profonde : il est exact que les ancêtres morts revivent, mais ce n'est pas au dehors, c'est au plus profond de nous-mêmes. Nous avons dans nos instincts cette fâcheuse hérédité de violence, de cruauté, de paresse, de sensualité qui forme en nous ce qu'on appelle la bête humaine. Revenants, les haines, l'orgueil, nos injustices, nos abus de pouvoir... Oui, revenants, car ce sont nos ancêtres irascibles, explosifs, sans volonté directrice, qui font la loi sur nous-mêmes, hérédité humiliante et inquiétante qui constitue véritablement notre tâche originelle. Notre libération de ce legs ancestral est lente : mais, nous affranchir de l'esclavage de ces poussées grossières et tumultueuses, c'est notre dignité.* » (COURS DE MORALE, p. 21.) Donc, le péché originel, ce sont tout simplement les instincts sauvages que nous tenons de notre nature. La faute commise par le premier homme est évidemment un mythe ! Il n'y a que des croyants arriérés pour admettre cela. Passons. — Considérez maintenant quels tours nous jouent ces terribles revenants : « *La plupart des meurtriers le sont sans le vouloir, ce sont leurs revenants qui tuent. Dans un accès de fureur, « ils voient rouge ». Ensuite, ils n'ont pas assez de leurs yeux pour pleurer leur crime... La plupart de ceux qui tuent ou font souffrir, sont grossiers et stupides ; ils ne peuvent pas se représenter les souffrances qu'ils infligent. Sans sympathie pour autrui, ils n'ont que des sentiments épais et ils sont vraiment inachevés. Ils ne sont pas encore des hommes, puisque l'idée que quelqu'un souffre par leur faute ne leur est pas intolérable.* » (LA MORALE A L'ECOLE, p. 131 et 132.)

Conclusion pratique : Un parricide est devant les juges. — Accusé, dit le président, vous avez tué votre père et votre mère ? — Oui, Monsieur le président, mais ce n'est pas ma faute. — Comment ! ce n'est pas votre faute ? — Non, c'est la faute de mes ancêtres. — De vos ancêtres ?? — Oui, des hommes primitifs dont je descends. Ce sont ces *revenants irascibles, explosibles* qui se sont réveillés en moi. J'ai vu rouge et j'ai frappé. Qui dit que, demain, Monsieur le président, vous n'en ferez pas autant ? Ces revenants, la coopération les a peut-être vaincus chez vous. Chez moi, ils subsistent encore. Que voulez-vous ?

Plus de liberté, plus de responsabilité ! M. Payot supprime l'une et l'autre. Dès lors, ne nous étonnons pas qu'il soit l'ennemi de la peine de mort. *« Lorsque la société condamne à mort, elle n'est plus en état de légitime défense, puisque le criminel est en prison. A ceux qui demandaient la suppression de la peine de mort, on répondait : « Que Messieurs les assassins commencent ! » La société doit-elle suivre des exemples partis d'aussi bas ? Les assassins, qui sont des brutes, vont-ils être chargés de nous dire ce qu'il est humain de faire ? »* (LA MORALE A L'ECOLE, p. 132.)

Si, après cela, les pensionnaires de Mazas n'envoient pas leur carte à M. Payot, c'est qu'ils manqueront totalement de reconnaissance.

VII

LA NOUVELLE MORALE

Une des principales difficultés que présente la réfutation des Manuels que nous étudions dans ces articles, c'est le mélange de vrai et de faux qu'ils renferment ; c'est aussi le sens spécial qu'ils attachent à certains mots, sens qui, au premier abord, paraît conforme à la saine doctrine, mais qui au fond ne l'est pas du tout. Ainsi M. Payot fait de la raison notre règle directrice (LA MORALE A L'ÉCOLE, pages 202-203). Mais il comprend sous ce mot : raison, les diverses opérations

de l'intelligence. Pas de danger qu'il
nous dise que la Raison est la faculté
qui nous fait découvrir les vérités né-
cessaires ! Pas de danger qu'il nous
dise avec Bossuet : « L'entendement a
pour objet les vérités éternelles. »
Pour un moniste, pour un panthéiste-
idéaliste, il n'y a pas de vérités néces-
saires et éternelles et la Raison, comme il l'a dit plus haut, est une simple évolution de ce Grand Tout qu'on
appelle l'Univers.

Cette constatation nous dispenserait
d'aller plus loin; écoutons cependant
ce que M. Payot fait dire à cette Raison nouveau genre. D'après lui, elle
nous présente la vie d'aujourd'hui
comme « la seule qui existe » comme
« la seule qui mérite la peine de vivre », et, pour que cette vie atteigne
son but « *il suffit de lui donner in-
tensité, profondeur et étendue ?* »
(COURS DE MORALE, p. 180). Voilà le
devoir principal de l'homme. Mais
vous remarquerez que ce devoir est
sans obligation ni sanction. Il n'y a
pas d'Etre supérieur à vous qui puisse
vous l'imposer. Pas de sanctions efficaces non plus, je dis efficaces, car
je ne puis considérer comme telles
celles que M. Payot nous propose
tout d'abord : remords de la conscience, perte de la santé, de la fortu-
ne, sanctions pénales et surtout sanction de l'opinion. D'ailleurs lui-même
doute de leur force, puisque à la fin,
il en propose une autre : le bonheur
qu'on goûte à pratiquer la vertu. « *Le*

plus grand bonheur, c'est le bonheur de l'honnête homme dont la vie est humaine !?!? Rien ne vaut la confiance, la paix, la sérénité profonde du juste qui ne redoute que de déchoir » (LA MORALE A L'ÉCOLE, p. 247). Et vous allez nous faire croire que la satisfaction d'avoir accompli notre devoir suffise à rassasier le désir inné du bonheur infini qui est le fond de l'âme humaine ? Il sera joliment court ce bonheur ! Il sera joliment mélangé de tristesse. Si c'est là toute l'espérance que vous donnez aux hommes pour les empêcher d'être des coquins, je vous réponds bien que quatre-vingts pour cent au moins lui préféreront la morale d'Epicure.

Je me permettrai de faire remarquer que sur ce point, nous ne sommes pas seuls à critiquer M. Payot. La *Revue de l'Enseignement*, une revue pourtant bien anticléricale, plaisante sans vergogne son fameux principe et ce qu'il y a de plus piquant : c'est qu'elle est dans le vrai. Ecoutez et goûtez : « *Quelle sottise, nous dit l'éminent recteur, de vouloir changer l'ordre des choses actuel, lorsque la félicité est si près de vous ! Si je suis juste, je serai heureux, quelle que soit ma situation. Ainsi, miséreux, n'accusez plus la société. Que la bourgeoisie se rassure. Le christianisme était usé... Il était urgent pour les profiteurs actuels de lui donner un succédané. M. Payot s'est révélé. Que les privilégiés jouissent en repos ! L'Eglise est mor-*

le, *Vive l'Ecole. Avec M. Payot, celle-ci remplacera avantageusement celle-là* ». (27 octobre 1907, p. 52). Pauvres monistes ! Pauvres panthéistes-idéalistes, voilà le socialisme qui vous lâche et qui bêche votre école ! Gémissez, mes Frères, gémissez !

Si M. Payot préconise la Raison, M. Bayet, lui, recommande surtout la solidarité. « Pour être vraiment heureux, il faut vivre pour autrui ». « *Si chacun de nous cherchait toujours à rendre service aux autres, tout le monde serait heureux* ». (COURS MOYEN, p. 9). Vous pensez bien que cette panacée doit être connue de tous, même des plus petits. Au lieu donc d'apprendre à lire aux mioches dans la *Croix de Dieu*, comme on le faisait il y a cinquante ans ou dans le *Syllabaire des Ignorantins*, on leur donnera le *Cours Elémentaire de Morale*, de M. Bayet, et ils épelleront les phrases suivantes : « *La vertu qui consiste à aimer et à aider les hommes, s'appelle la solidarité. Les hommes n'ont pas toujours compris que pour être heureux il faut s'aimer et s'entr'aider. Aux temps anciens, chacun ne travaillait que pour lui-même* (En voilà une assertion gratuite !) *et tout le monde était malheureux. Aujourd'hui, les hommes comprennent que pour être heureux, il faut pratiquer la solidarité* ». La solidarité, quelle découverte ! « *Le christianisme fit de la charité un devoir pour le riche*, dit M. Payot, *mais le pauvre n'y* a pas droit : il ne peut l'exiger. Or les travailleurs ne veulent plus d'aumône. Ils ont trop conscience de leur dignité d'hommes, pour accepter la charité qui les blesse ??! Ils sentent que la charité n'est pas la vérité de demain. Les consciences et les intelligences lucides ont fait la découverte morale la plus importante du XIX° siècle, celle de la solidarité ». (LA MORALE A L'É-COLE, p. 156). Quelle audace ! Quel défi à l'histoire ! C'est la science moderne qui a inventé la fraternité humaine ! Et il y a deux mille ans passés que l'auteur de l'Ecclésiastique écrivait (XVII 90) « *Dieu a confié à chacun de vous le soin de son prochain* ». Il y a dix-neuf cents ans bientôt que saint Paul disait : « *Toutes les nations ne forment qu'un même corps. Toutes sont cohéritières et ont part aux promesses que leur a apportées Jésus-Christ dans son Evangile* ». (EPHÉS., III, 6). Quant à l'affirmation de M. Payot, que le pauvre n'a pas droit à la charité, dans ce sens qu'il ne peut l'exiger, elle est vraie ; mais ce que notre nouveau moraliste se garde bien d'ajouter, c'est que le riche a, lui, le devoir de faire la charité et que, s'il y manque, Dieu le condamnera de même que s'il manquait à la justice.

Avouons pourtant que M. Payot est encore moins épris de la solidarité que son confrère, M. Gache. Pour celui-ci, c'est « *la loi suprême qui règle toute notre existence* ». « *Quel au-delà,*

ajoute-t-il, tangible cette fois, elle ou-
vre, cette sévère religion de responsabilité, d'intelligence et de sacrifice !
Par avance on le connaît, puisqu'on le
fait. Au lieu d'attendre dans un trem-
blement égoïste, la condamnation ou
le salut, l'individu prépare les desti-
nées de l'humanité. Les âmes délica-
tes, tendres ou vaillantes, sauraient-
elles concevoir un plus noble idéal,
que cette lutte incessante entreprise
et soutenue pour éviter des souffrances et procurer des joies à tous les
frères venus ou à venir ? Où donc est-
elle la créature calamiteuse que raille
Montaigne, « l'imbécile ver de terre »
que Pascal humilie ? Notre misère
épouvantait ces penseurs, parce qu'ils
ignoraient la grandeur que la solidarité nous confère. » (L'ÉDUCATION DU
PEUPLE, p. 390. Ouvrage précédé
d'une préface de M. Buisson).

Et l'on va nous faire croire que
l'esprit de sacrifice, cet esprit que
le christianisme avec toute la puissance de son enseignement et de la
grâce, n'arrive à produire que dans
un petit nombre, va devenir, au
moyen de la solidarité, le partage de
la plus forte portion de l'humanité.
Pauvres rêveurs, la parole de saint
Paul se dressera toujours devant vous
avec son ironie mélancolique : « A
peine trouverait-on quelqu'un qui
voulût sacrifier sa vie, même pour un
homme juste » (ROM, V, 7).

VIII

LA RELIGION EN GÉNÉRAL

Avant d'énumérer les blasphèmes proférés contre l'institution *née le jour où naquirent les jours*, rappelons, pour nous réconforter, les belles paroles de M. Guizot : « La religion ! « la religion ! c'est la vie de l'humanité « en tous lieux, en tout temps, « sauf quelques jours de crises terri- « bles et de décadences honteuses. La « religion pour contenir ou combler « l'ambition humaine, la religion pour « nous soutenir ou nous apaiser dans « nos douleurs, celles de notre condi- « tion ou celles de notre âme. Plus le « mouvement social sera vif et éten- « du, moins la politique suffira à di- « riger l'humanité ébranlée. Il faut « une puissance plus haute que les « puissances de la terre, des pers- « pectives plus longues que celles de « la vie ; il y faut Dieu et l'éternité. »

J'ai beau feuilleter les Manuels scolaires, je n'y découvre pas une page comparable à celle-là. Il est vrai que pour les auteurs de ces Manuels, Guizot ne compte plus. Point de grands penseurs en dehors des positivistes ! Voyons, est-ce raisonnable d'exalter ainsi une institution purement humaine ? Car, il n'y a pas à dire le contraire : ce sont les hommes qui ont inventé la religion.

« La terreur que (leur) causaient les grandes forces de la nature qu'ils ne comprenaient pas et contre lesquelles ils ne pouvaient lutter, leur donna l'idée d'une ou de plusieurs divinités auxquelles ils élevèrent de grossiers monuments de pierre dont plusieurs sont encore debout. Les religions, les cultes naquirent. » (Debidour et Aulard, HISTOIRE DE FRANCE, COURS MOYEN, p. 4). *« On a fouillé dans le passé, on a reconstitué les civilisations religieuses disparues et créé la science des religions comparées. On sait ? que les religions ont une origine commune dans la peur des forces hostiles et dans une interprétation naïve de la mort.* » (Payot, MORALE A L'ÉCOLE, p. 10). Ces Messieurs ont, comme toujours, l'affirmation prompte. Mais les découvertes modernes contredisent victorieusement leurs théories. Jadis Mortillet disait : *« La résultante de toute idée religieuse est le respect des morts. Aussi, dès que les idées religieuses se font jour, des pratiques funéraires s'introduisent. Or, il n'y a pas trace de pratiques semblables dans le quaternaire ancien. Il suffit, d'ailleurs, de rappeler le chiffre insignifiant des squelettes plus ou moins incomplets de cette longue période parvenus jusqu'à nous, des innombrables sépultures que fournissent tous les peuples qui ont enseveli leurs morts, pour avoir une démonstration des plus complètes du non-ensevelissement pendant le paléolithique.* »

« La mort n'était plus rien pour l'homme de ces temps lointains. Il n'y avait donc pas croyance à l'existence d'une âme. Il n'y avait pas non plus croyance en un dieu protégeant ou punissant ses créatures. La conception d'un être spirituel n'existait pas. Tout semble indiquer que l'homme paléolithique était totalement dépourvu du sentiment de la religiosité. »

Ainsi parlait le grand pontife de la préhistoire antireligieuse dont MM. Payot et Debidour reproduisent l'enseignement. Or, voilà qu'on vient de découvrir, cette année même, au Moustier (Dordogne), dans le *quaternaire ancien*, le squelette d'un individu de la race du Néanderthal et cet individu n'avait certainement pas été enfoui. Les plaquettes en silex disposées avec ordre sous sa tête, sa position dans l'attitude du sommeil, son bras droit replié sous la joue sont les indices d'une vraie sépulture. D'autre part, Mgr Le Roy, dans son beau livre sur la *Religion des Primitifs*, démontre avec pièces à l'appui que leur *Credo* formait un corps dogmatique très complet et bien lié. Il a analysé à fond les diverses religions des peuplades équatoriales de l'Afrique, y compris celle des « Négrilles » ou « Pygmées ». Retrouvant là les mêmes croyances que dans les religions primitives de tous les peuples connus, considérant d'autre part que ceux de l'Afrique équatoriale étaient séparés du monde civilisé depuis des milliers d'années, il en conclut que ce *Credo* des religions primitives a une origine commune qui remonte au berceau même de l'humanité, alors qu'elle était encore très restreinte et confinée dans une même région. Sans pousser plus loin cette démonstration, contentons-nous de conclure que les affirmations du genre Payot, Debidour et Bayet sont de pures hypothèses qui ne reposent sur aucune preuve sérieuse. Continuons cependant, non toutefois sans répugnance, l'exposé de leurs théories.

Puisque, d'après eux, la religion est une institution humaine, « *nous avons le droit de n'en pas avoir* (c'est-à-dire d'être beaucoup moins que des païens). *La liberté de conscience est un droit absolu* » (Bayet, MORALE ET INSTRUCTION CIVIQUE, p. 156-157). Ce qui importe, ce n'est pas d'avoir une religion, mais d'être juste. « *Le vrai culte que les croyants doivent à leur Dieu ne consiste pas en prières (souvent égoïstes) dites du bout des lèvres, ni en pratiques religieuses toutes machinales... Quelle que soit la forme sous laquelle ils l'adorent, quel que soit le culte qu'ils lui rendent, là est la religion supérieure à toutes les autres, être homme de bien... L'homme le plus profondément religieux, c'est celui, quel qu'il soit : catholique, protestant, juif, mahométan, boudhiste, libre penseur, athée, etc., qui appelle de toutes ses forces le règne de la justice et de la fraternité parmi les hom-*

mes et qui fait tout son possible pour en hâter la venue. Si Dieu existe, les grandes pensées, les nobles senti- ments et les nobles actions ne peu- vent que lui être agréables, de quel- que âme qu'elles viennent. Et s'il n'existe pas, le devoir ne cesse pas pour l'homme d'être toujours le mê- me... » (Primaire, MANUEL D'EDUCATION MORALE, CIVIQUE ET SOCIALE, p. 295).
Monsieur Primaire, quand je vous lis, je pense à la réflexion que faisait La Bruyère : « J'exigerais de ceux qui vont contre le train commun et les grandes règles, qu'ils sussent plus que les autres, qu'ils eussent des rai- sons claires et des arguments qui emportent conviction. »

« Je voudrais voir un homme sobre, modéré, chaste, équitable, prononcer qu'il n'y a point de Dieu ; il parlerait du moins sans intérêt : mais cet homme ne se trouve point. »

Vous dites exactement le contraire. Lequel de La Bruyère ou de vous se trompe ? Tenez, à vous parler fran- chement, je ne puis me décider à donner tort à La Bruyère.

IX

LE CHRISTIANISME

Il est évident que si Dieu existe, il peut parler à sa créature sans in-

termédiaire ou par des intermédiai-
res. L'homme peut parler à l'homme
et Dieu ne le pourrait pas. Eh bien !
l'histoire nous dit que Dieu a parlé à
l'homme et le fait de cette révélation
a pour lui des preuves plus claires que
le soleil. La Révélation ! Rien qu'à ce
mot, M. Payot recule d'horreur : « *La
croyance en une révélation directe
faite par Dieu présente de graves dan-
gers : elle tend à rendre inutile le travail et la libre recherche. En plaçant
la vérité toute faite dans le passé, elle
tend à faire naître une certitude or-
gueilleuse, hostile aux autres révéla-
tions religieuses, intolérante pour les
critiques les plus raisonnables.* »
(Cours de Morale, p. 202). Ah ! voilà
ce qui vous gêne ! Si le fait de la Révélation est prouvé, vous n'avez plus
à discuter. Le miracle ! C'est votre
bête noire ! Vous le rejetez *a priori*.

Comme les preuves de la Révélation
sont en grande partie renfermées dans
les Livres Saints, on ne manque pas
de s'unir aux exégètes hétérodoxes qui
en sapent l'autorité. « *La critique des
textes patiente, bien armée, libre
de s'attaquer aux livres sacrés des religions, a découvert qu'ils ne pouvaient avoir été révélés par un être
souverainement bon et intelligent. Ils
datent d'une époque d'ignorance ou
de faible développement intellectuel
et moral* ». (Cours de Morale, p. 118).
Sans aucun doute, c'est seulement depuis les Encyclopédistes que l'intelligence et la morale ont pris leur

essor ! — « *L'Ancien Testament, à côté d'ouvrages purement religieux, renferme des récits plus ou moins légendaires (comme la Genèse) relatifs à l'origine du monde, à ses débuts, mais surtout au développement de la vie publique de la nation israélite* ». (HISTOIRE DE FRANCE, Cours moyen, Debidour et Aulard, p. 19). — Le christianisme étant greffé sur la religion mosaïque, on ne manque pas de dénaturer l'idée que cette dernière se fait de Dieu. « *Les grossières conceptions juives prêtaient à Jéhovah des sentiments barbares : nous avons vu qu'elles faisaient de Dieu un despote oriental, arbitraire, capricieux, sensible aux supplications, aux génuflexions, aux manifestations de la peur et de la soumission la plus basse* ». (COURS DE MORALE, Payot, p. 199). Et c'est là le Dieu au nom ineffable, le Dieu pur esprit, mille fois supérieur aux dieux païens dont on nous fait une aussi odieuse caricature. Lisez maintenant cette appréciation du plus beau des livres : « *Les Évangiles eux-mêmes contiennent des conceptions morales qui choquent la conscience moderne ! Ils n'ont pas une parole de blâme contre l'esclavage, contre la guerre et ils contiennent des menaces cruelles contre les dissidents et des croyances immorales à un enfer éternel, etc.* ». (COURS DE MORALE, Payot, p. 202). Vous êtes donc bien naïfs, vous qui estimez le livre divin doux comme le lait et le miel.

D'ailleurs, son auteur n'est qu'un homme. « *Depuis longtemps, des agitateurs populaires, qu'on regardait comme des prophètes, annonçaient au peuple juif la venue d'un Messie, c'est-à-dire d'un roi consacré, qui le sauverait et rétablirait le royaume de Dieu. Les disciples de Jésus, qui se disait lui-même fils de Dieu, reconnurent en lui ce Messie. Le Sanhédrin, c'est-à-dire le grand conseil des prêtres, l'accusant d'ébranler la religion établie et d'aspirer à la royauté, demanda sa mort, à laquelle le gouverneur romain Pilate finit par consentir. Jésus subit le supplice de la croix* ». (HISTOIRE DE FRANCE, Debidour et Aulard, Cours moyen, p. 22). Guiot et Mane sont aussi mauvais : « *Au temps de l'empereur Auguste, l'Hébreu Jésus-Christ, fils d'un pauvre charpentier, parcourt la Palestine ; il s'annonce comme fils de Dieu... Nouveau Socrate, ce juste est condamné à mort. Il expire sur la croix* ». (HISTOIRE DE FRANCE, Cours supérieur, p. 56). A la page suivante, les maximes du stoïcisme et du christianisme sont mises sur le même pied, et revenant sur les maximes de Socrate, on le préfère définitivement à Jésus-Christ. M. Debidour reconnaît tout de même que Jésus-Christ s'est dit Dieu, mais il a bien soin de passer sous silence les preuves péremptoires sur lesquelles le Sauveur appuie son affirmation, la plus prodigieuse qui soit tombée des lèvres d'un homme. Miracles de l'ordre physique, de l'ordre intellectuel, de l'ordre moral, accomplis par lui, tout cela est biffé, considéré comme nul et non avenu. Le fait capital de sa résurrection est une pure invention des apôtres. *« Après sa mort, ses disciples racontèrent qu'il était ressuscité, le représentèrent comme fils d'une Vierge et non seulement comme fils de Dieu, mais comme Dieu lui-même »*. (Ibidem, p. 22).

Il reste à expliquer comment sa religion put se propager. Privée de tout secours humain, heurtant de front tous les préjugés, déclarant la guerre à tous les vices, elle devait infailliblement être étouffée dès sa naissance. Mais non, les Manuels trouvent une cause toute simple de sa rapide propagation ; les espérances qu'elle donnait aux malheureux. *« Dans une société corrompue, Jésus-Christ prêchait une pure morale (en français on dirait une morale pure) ; aux maîtres orgueilleux, il affirmait la fraternité des hommes et aux esclaves misérables, il faisait espérer une vie future où chacun serait récompensé selon ses mérites »*. (HISTOIRE DE FRANCE, Rogie et Despiques, p. 10). *« Le christianisme se propagea rapidement parce qu'il s'adressait surtout aux pauvres et les consolait de leurs souffrances présentes en leur promettant une vie meilleure dans un autre monde »*. (HISTOIRE DE FRANCE, Calvet, Cours moyen, p. 2). Mais si la propagation rapide du christianisme réside tout entière dans ce fait qu'il s'adressait aux déshérités du monde, les riches n'ont pas dû l'embrasser. Or, avant la fin du IIIe siècle, la plus grande partie du patriciat était chrétienne. C'est clair, cela. Et elle l'était en dépit de persécutions, atroces. Oh ! ces persécutions, comme on voudrait bien les nier ! Quelle grandeur ! quelle auréole elles donnent au christianisme ! On prétend d'abord que les martyrs n'ont pas été très nombreux : « *La persécution des chrétiens ne fut jamais ni générale, ni durable. Elle eut pour effet la mort d'un certain nombre d'entre eux qui non seulement ne tremblaient pas devant le martyre, mais le provoquaient souvent par leurs actes* ». (HISTOIRE DE FRANCE, Cours moyen, Debidour et Aulard, p. 59). « *Les chrétiens refusaient d'adorer les dieux gallo-romains. Pour cette raison, plusieurs furent suppliciés et jetés aux bêtes dans les amphithéâtres* ». (HISTOIRE DE FRANCE, Brossolette, p. 6). D'ailleurs les martyrs n'eurent souvent qu'à s'en prendre à eux-mêmes. « *Certains de ses disciples fanatiques (de Jésus-Christ) et imprudents, s'étaient mis en révolte ouverte contre les lois romaines et avaient déchaîné des persécutions contre les chrétiens* ». HISTOIRE DE FRANCE, Cours moyen Rogie et Despiques, p. 10). Voyons, est-ce de l'ignorance ou de la mauvaise foi ? Quand Renan dit du règne de Dioclé-

tien de Maximien et de Galère :
« Cette époque respire le sang ».
Quand, cent vingt ans plus tôt, Tertullien énumère les genres de supplice employés contre les chrétiens
dans toute l'étendue d'un empire trente fois grand comme la France.
Quand dès la première persécution,
qui ne dépassa guère les limites de
Rome et de l'Italie, Tacite affirme
qu'elle fit périr « une multitude immense » *multitudo ingens*, on vient
nous dire que le nombre des martyrs fut peu considérable. La vérité
est qu'il dépassa le chiffre de dix millions. Ces dix millions de fidèles de
toutes conditions : nobles, plébéiens,
savants, ignorants, patriciens, soldats ; de tout âge : vieillards, hommes faits, jeunes gens, jeunes filles,
voire même petits enfants, auraient
été des fanatiques ! Les fanatiques
sont toujours en petit nombre ; s'ils
le peuvent, ils soutiennent leur cause
par les armes, ils maudissent les tyrans qui les condamnent, ils appellent un vengeur, ils donnent à leur
mort un effet théâtral ; en un mot, ils
font tout le contraire de ce qu'ont
fait les martyrs. Ceux-ci ont été les
vrais héros de la conscience et comme tels vous devriez les admirer.
Mais vous ne le voulez pas, parce
qu'en les admirant, vous auriez peur
d'être conduits logiquement à reconnaître la vérité du mot de Pascal :
« J'en crois des témoins qui se font
égorger ».

X

L'EGLISE ET LA PAPAUTÉ

Certes les attaques qu'on se permet contre le christianisme, la religion en général, l'origine de l'homme, l'autre vie, l'existence de Dieu sont bien vives ; mais quand on arrive à l'Eglise, il semble que ce soit de la frénésie. Pour la plupart des manuels, l'Eglise est toujours guidée par des motifs bas et intéressés. Voyez comment M. Debidour apprécie son rôle au moyen âge. « *Les évêques s'interposaient dans les querelles des grands ; ils cherchaient à adoucir leur barbarie, à faire régner la paix de Dieu. Et ils agissaient ainsi par charité, mais trop souvent par ambition. Ils effrayaient les âmes simples des barons féodaux par les excommunications* ». (RÉCITS FAMILIERS SUR LES PLUS GRANDS PERSONNAGES ET LES FAITS PRINCIPAUX DE L'HISTOIRE NATIONALE. P. 42-43-44). « *L'Eglise usa d'une arme terrible à cette époque : l'excommunication. Au son des cloches, devant l'autel, l'évêque maudissait celui qui s'était révolté contre l'Eglise : « Qu'il aille en enfer, s'écriait-il, avec Judas le traître ! » Et chacun s'éloignait avec horreur de l'homme maudit. Il vivait seul, sans parents, sans serviteurs et, après sa mort, son corps sans sépulture était la proie des loups et des vautours.* »

(Devinat. HISTOIRE DE FRANCE. Cours élémentaire. P. 40).

Pour assurer sa domination l'Eglise exploita tous les moyens. « *C'est grâce à la terreur de l'an mil qu'elle devint riche* ». (Guiot et Mane. HISTOIRE DE FRANCE. P. 47). Comme si depuis six siècles elle n'avait reçu aucun don.

A sa tête est le Pape ; mais n'allez pas croire qu'il soit d'institution divine. « *Avant d'être chef spirituel reconnu de toute la chrétienté, le Pape fut simplement l'évêque de Rome, c'est-à-dire, le chef de la communauté chrétienne qui s'était formée dans la capitale de l'empire... Les évêques des autres villes n'étaient en rien subordonnés à l'évêque de Rome.* » (Blanchet. COURS COMPLET D'HISTOIRE). Evidemment le grand théologien que nous citons, a lu saint Irénée et les Pères des premiers siècles ! Ah ! Monsieur Blanchet, pourquoi donc parler de ce que vous ne connaissez pas ?

Une fois bien établie, la Papauté voulut acquérir le pouvoir sur tous et sur tout. « *Une compagnie célèbre, celle des Jésuites, combattit pour placer l'Eglise sous l'autorité absolue du Pape, c'est-à-dire, d'un souverain d'outre-monts* ». (Calvet. HISTOIRE DE FRANCE. Cours moyen. P. 306). Honneur à la Convention qui « *a voulu soustraire le clergé à l'action du Pape, chef étranger qui résidait à Rome.* » (Rogie et Despiques. HISTOIRE DE FRANCE). Par contre les prêtres qui à un serment sacrilège ont préféré l'exil ou la mort furent coupables. « *Du jour où les biens de l'Eglise eurent été mis à la disposition de la nation, le clergé se montra hostile, et il saisit le prétexte de la constitution civile pour affirmer son hostilité* ». (Calvet. HISTOIRE DE FRANCE. P. 198). Quelle vaillance de se ranger du côté des bourreaux !

La campagne entreprise par les Jésuites eut un plein succès. « *Ils sont parvenus à soumettre l'Eglise au Pape surtout depuis 1870 où a été proclamé le dogme de l'infaillibilité pontificale. D'après ce dogme, en effet, l'Eglise catholique professe que le Pape, étant infaillible, ne peut être soumis aux décisions des conciles en matière spirituelle.* » (Calvet. P. 290). C'était beaucoup mieux sans doute aux époques antérieures. On s'acheminait doucement vers la création d'une Eglise nationale. « *Avant 1789... l'Eglise de France reconnaissait l'autorité du Pape, mais elle avait une organisation à part qui ne pouvait être changée... Le Saint-Siège était soumis pour les choses spirituelles aux décisions des conciles généraux et le Pape n'avait aucune puissance directe ou indirecte sur les choses temporelles. C'est là ce qu'on appelait les libertés de l'Eglise Gallicane.* » (P. 290). On doit donc une reconnaissance particulière aux souverains qui ont combattu pour les établir. « *Louis XIV réunit en 1682 une assemblée du clergé qui, sous la présidence de Bossuet, rédigea la célèbre*

Déclaration des quatre articles. Dès lors, le Pape ne pouvait plus régenter l'Eglise de France à son gré et ses bulles ou mandements ne devaient plus avoir cours dans le royaume qu'après avoir été revêtus de l'approbation royale. (P. 113). « Liberté envers le Pape, dit M. de Maistre, servitude envers le Roi. » Si c'est cela que les manuels admirent, offrons-leur tous nos compliments. — Quel dommage qu'il n'en soit plus ainsi aujourd'hui, nous n'aurions pas eu le *Syllabus* et la société moderne pourrait dormir sur ses deux oreilles. D'ailleurs il ne faut voir en lui qu'une inspiration purement politique. « *Pie IX qui ne perdait aucune occasion de créer de nouveaux embarras (à Napoléon III), condamna solennellement par son fameux Syllabus (décembre 1864) tous les principes chers à la France moderne sur lesquels reposait ou était censé reposer le gouvernement impérial : souveraineté nationale, suffrage universel, liberté de penser, etc. !* (Delidour et Aulard. HISTOIRE DE FRANCE. Cours supérieur. P. 345). Remarquez qu'il n'y a rien de tout cela dans le célèbre Document Pontifical. Peu importe, on l'y met tout de même.

Ce qu'il faudrait dans tous les temps à la Papauté, ce sont des Philippe le Bel. Oh ! celui-là est cher aux libres penseurs. « *Quand Boniface VIII se trouva en querelle avec lui, il voulut l'excommunier, comme*

*c'était la coutume. Mais l'excommu-
nication qui avait fait peur à Philippe-
Auguste, ne faisait plus peur du tout
à Philippe le Bel. Celui-ci se contenta
d'envoyer deux de ses conseillers en
Italie, en leur disant d'aller voir le
Pape qui était aux environs de Rome,
à Anagni ».* (Brossolette. HISTOIRE DE
FRANCE. Cours élémentaire. P. 32).
*« Philippe le Bel désobéit au Pape et
le fit même insulter par ses agents. »*
(Devinat. HISTOIRE DE FRANCE. P. 43).
Cela n'empêchait pas d'ailleurs le roi
de France d'être bon chrétien. *« Un
pape ambitieux, Boniface VIII, voulait s'affirmer le maître du monde et
s'opposait à ce que l'on prélevât des
impôts sur le clergé de France. Philippe, malgré sa grande piété, ne
l'écouta pas et entra en lutte violente
avec le chef de l'Eglise. Il ne recula
devant aucun moyen ; un de ses lé-
gistes : Guillaume de Nogaret, alla
même insulter grossièrement le Pape,
qui mourut peu après de chagrin de
cette humiliation. »* (Rogie et Despiques. HISTOIRE DE FRANCE. P. 45). Philippe le Bel fut un despote absolu, un
homme cruel et cupide, tyrannisant
tout le monde, même sa famille, faux
monnayeur, écrasant d'impôts ses
sujets. Mais du moment qu'il a fait
souffleter Boniface VIII, on doit sans
doute beaucoup lui pardonner.

Jadis, la Papauté possédait une petite principauté temporelle. Quelle en
était l'origine ? Calvet nous répond
que c'était tout simplement une intri-

gue. Reportons-nous au milieu du huitième siècle. « *Les évêques comprirent qu'à cette époque, pour faire régner l'ordre, il fallait des rois forts et énergiques. C'est pour cela qu'ils favorisèrent l'usurpation de Pépin le Bref. En revanche, Pépin leur donna des possessions qu'il venait de conquérir en Italie sur les Lombards et ainsi l'évêque de Rome, qui n'était jusque-là que le chef de la religion, devint un souverain temporel.* » (Calvet. HISTOIRE DE FRANCE. P. 15). C'est le cas de dire : autant de mots, autant d'erreurs ! 1° Les évêques n'ont nullement poussé Pépin le Bref au trône ; son avènement fut amené par la force des choses. ; 2° la décision du Pape Zacharie, qui reconnut son pouvoir, fut de tout point raisonnable ; 3° Pépin ne donna aux évêques français aucun des territoires conquis sur les Lombards dans la plus juste des guerres ; il en fit don à Saint-Pierre, c'est-à-dire, au Saint-Siège ; 4° en fait et avant lui, le Pape était le vrai maître de Rome, grâce aux services qu'il avait rendus à cette ville et à toute l'Italie.

Nous ne serons pas étonnés que les souverains français qui ont soutenu ce pouvoir temporel du Pape soient peu sympathiques aux manuels. « *Le prince-président (Napoléon III) cherchait, lui aussi, l'appui de l'Eglise. C'est ainsi que les habitants de Rome ayant proclamé la République et chassé le Pape Pie IX, il envoya une armée*

française rétablir ce souverain. »
(Calvet. HISTOIRE DE FRANCE. P. 234).
Mais ce qu'on ne dit pas, c'est que le
prince avait l'assentiment de l'assemblée législative qui représentait l'opinion de la France. Même blâme pour
la seconde expédition. « *Dès 1867, Ga-
ribaldi secrètement encouragé par le
gouvernement italien, allait attaquer
Rome. Napoléon III, pour complaire
encore au parti clérical, dont il était
toujours en somme le prisonnier, y
envoya de nouveaux soldats qui l'en
écartèrent et continua de l'occuper, à
la grande colère des Italiens.* » (Debidour et Aulard. HISTOIRE DE FRANCE.
P. 345). Si aux yeux de la Libre-Pen-
sée, le pouvoir civil commet une erreur en favorisant l'Eglise, celle-ci en
commet une autre en lui témoignant
de la reconnaissance. Napoléon Ier a
signé le Concordat ; le clergé s'atta-
che à lui durant les premières années
de son règne. Immédiatement on l'accuse de platitude et de quelle platitude ! « *Le clergé servit fidèlement.
Il alla même jusqu'à enseigner par
ordre que l'Empereur devait être
adoré.* » (Calvet. HISTOIRE DE FRANCE.
P. 153). Nous pouvons certainement,
sans aucun risque, promettre une honnête récompense à celui qui nous ap-
portera le catéchisme contenant cette
phrase monstrueuse. Suspecte et com-
battue sous la monarchie de juillet,
l'Eglise reçoit sans défiance les avan-
ces du second Empire. M. Primaire
dénature son attitude. Citant E. Qui-

net, il fait d'elle la complice du coup d'Etat de décembre. « *Nous nous sommes trouvés errants dans cette nuit et nous y sommes encore plongés. A qui devons-nous nous adresser pour en sortir ? Au ciel. Cinquante mille prêtres se sont levés et se sont interceptés entre le ciel et nous. Ils ont béni l'embûche, ils ont maudit les victimes. Ce jour-là toute foi a été abolie sur la terre.* » Qu'on nous cite donc une victime du coup d'Etat à laquelle le clergé ait refusé son appui ? Combien au contraire de déportés à Lambessa ont dû leur libération aux évêques et aux curés ! Après le désastre de 1870, la France élit une assemblée sérieuse, laborieuse et pleine de respect pour la religion. M. Aulard l'apprécie en ces termes : « *Cette majorité très cléricale favorisa l'Eglise de toutes ses forces... Elle se vantait de représenter en France l'ordre moral et c'était elle qui le troublait.* » (Histoire de France. P. 370). Les assemblées qui lui ont succédé, ont fait sans doute beaucoup mieux.

Enfin voici le comble des combles ! Savez-vous qui a inventé le Boulangisme et le Nationalisme ? Ce sont les cléricaux. « *Plus tard, les amis de l'Eglise et de la Monarchie entreprirent de se servir du général Boulanger pour ébranler la République (1887-1889). Ils n'y réussirent pas. Dix ans après ils formèrent le parti nationaliste ; et ne furent pas plus heureux.* » (Brossolette. Histoire de France.

P. 247). Et le manuel continue imperturbablement : « *Ces tentatives n'aboutirent qu'à souligner le triomphe de la République. L'Eglise qui les avait conduites, en fut punie. En 1905, les Chambres votèrent la séparation de l'Eglise et de l'Etat.* » (Ibidem.) Et voilà comment on donne comme représailles légitimes, des mesures concertées dans l'antre Franc-Maçonnique et comment les victimes deviennent des oppresseurs. C'est on ne peut plus chevaleresque, on ne peut plus français.

XI

L'EGLISE
ET SON ACTION CIVILISATRICE

Assurer la liberté de l'homme, soulager sa misère, l'instruire et augmenter la somme de son bien-être temporel : tel est le quadruple but que l'Eglise s'est proposé dans tous les temps. Si donc, les Manuels d'histoire sont impartiaux, ils doivent nous la représenter, établissant tout d'abord une distinction nette entre le pouvoir religieux et le pouvoir civil pour que celui-ci ne dégénère pas en tyrannie, fondant dès le second siècle ces florissantes « fraternités alimentées par les cotisations de tous », dont parle Tertullien, apprenant aux nations barbares, avec ses moines, l'honneur du travail libre et refaisant le sol de l'Europe, donnant d'abord l'instruction aux enfants offerts pour la vie du cloître et puis bientôt même aux autres enfants. Ils doivent faire mention de la célèbre ordonnance de Théodulphe qui prescrit aux prêtres de tenir des écoles primaires « dans les bourgs et les hameaux » sans rien exiger des parents. Ils doivent rappeler le capitulaire de Charlemagne demandant aux pères de famille d'envoyer leurs fils « apprendre les lettres » et de les faire rester à l'école jusqu'à ce qu'ils soient instruits. Ils doivent nous dire que l'instruction populaire était très développée dès le xiie siècle et que vraisemblablement la plupart des paroisses rurales possédaient dès ce temps-là une école. Ils doivent nous montrer l'esclavage disparaissant peu à peu par les faveurs que l'Eglise accordait aux affranchissements et au rachat des captifs, par les restrictions qu'elle mettait au pouvoir des maîtres, par l'égalité morale qu'elle établissait entre eux et les esclaves, par l'interdiction qu'elle promulguait de les transporter au-delà de leur pays pour les vendre, de telle sorte que le trafic des hommes avait presque cessé au xe siècle dans toute l'étendue de l'ancien empire carolingien, au xiie, dans les Iles Britanniques, au xiiie, dans le nord de l'Europe, et que l'esclavage se transformait peu à peu en servage, lequel lui-même, du ixe au xie siècle, tendait à se réduire à la main-morte.

Ils doivent nous parler des 91 conciles réunis en France pour organiser la Trêve et la Paix de Dieu. Ils doivent saluer dans l'Eglise l'initiatrice du mouvement communal issu des associations pour la paix fondées par elle. Ils doivent nous dire, avec Augustin Thierry, « que les meilleurs évêques y furent favorables ». Ils doivent nous parler des hôpitaux tombés en décadence lors des invasions, suppléés par les abbayes bénédictines, se relevant ensuite, à partir du XIe siècle, peu populeux, mais multipliés. Ils doivent nous dire qu'il y en avait plus de 7,000 répandus jusque dans les plus petites paroisses sous le nom de « maladreries », que leur gestion était simple, sans paperasserie ; qu'on y admettait les malades sans formalités administratives. Enfin, toujours épris de solidarité, les Manuels doivent nous vanter les « frairies » et les corporations ouvrières, si multipliées partout.

Voilà ce que nous devrions voir dans les Manuels. Voici maintenant ce que nous y voyons : 1° LES PRINCES CHRÉTIENS MÉPRISÉS. — « *A force d'énergie et aussi de perfidie et de cruauté, Constantin finit par devenir maître du monde romain.* » (Debidour et Aulard, HISTOIRE DE FRANCE, p. 78). Comme s'il avait été dur pour Maxence et Licinius ! « *Clovis, quoique chrétien, fait assassiner les chefs des autres tribus franques, Sigisbert par son fils Clodomir.* » (Guiot et Mane, HISTOIRE DE FRANCE, p. 19). Or M. Kurth a établi que ces meurtres étaient antérieurs à la conversion de Clovis: « *Charlemagne fut un vrai barbare, dévoué à l'Eglise.* » (Calvet, HISTOIRE DE FRANCE, p. 6). Saint Louis, l'angélique saint Louis lui-même n'est pas épargné. « *Il était injuste quand il s'agissait de la religion et du culte catholique. Il faisait brûler les lèvres et percer la langue aux jureurs et aux blasphémateurs, condamnait au feu les hérétiques et disait qu'avec les juifs il ne fallait pas discuter les matières religieuses, mais qu'on devait leur enfoncer l'épée dans le corps tant qu'elle pouvait y entrer.* » (Aulard et Debidour, RÉCITS FAMILIERS, première partie, p. 76). Par contre, les tyrans sont exaltés : « *L'empereur Julien ne pouvait souffrir les premiers chrétiens qu'il trouvait ignorants. Et les chrétiens ont dit beaucoup de mal de lui. Il n'en a pas moins été un prince bienfaisant ; il n'en a pas moins été l'empereur aimé des Gaules.* » (Brossolette, HISTOIRE DE FRANCE, Cours élémentaire, p. 38). Dans la querelle des Investitures, tous les torts sont donnés aux Papes (Debidour et Aulard, HISTOIRE DE FRANCE, p. 88).

2° L'ÉGLISE REPRÉSENTÉE COMME NE FAISANT RIEN CONTRE L'ESCLAVAGE. — « *Le christianisme semble avoir, non en théorie, mais en pratique, limité son effort à la lutte contre l'orgueil et la sensualité. Il n'a condamné ni la guerre, ni l'esclavage.* » (Payot, COURS DE MORALE, p. 192).

3° L'ACTION DES MOINES PRESQUE RÉDUI-

TE A RIEN. — « *Seul, le paysan travaillait, car, comme le disait un évêque
du XIe siècle : « La maison de Dieu
est triple : les uns (nobles) combat-
tent, les autres (clercs ou prêtres)
prient, les autres travaillent.* » (Calvet,
HISTOIRE DE FRANCE, p. 23). Reconnaissons cependant que Guiot et Mane
sont bien plus équitables.

4° L'ÉGLISE PRESQUE IMPUISSANTE A
ASSURER L'EFFET DE LA PAIX ET DE LA
TRÊVE DE DIEU. — « *L'Eglise essaya
d'entraver dans une certaine mesure
les guerres féodales par la Trêve de
Dieu qui ne fut jamais bien obser-
vée.* » (Debidour et Aulard, HISTOIRE
DE FRANCE, p. 88). Notons encore que
les autres Manuels sont plus favorables à cette admirable institution.

5° L'ÉGLISE DONNÉE COMME L'ENNEMIE
DES COMMUNES. — « *L'Eglise, qui n'a-
vait affranchi aucun de ses serfs, malgré sa douceur relative à leur égard,
fut surtout atteinte par l'établissement
des communes. C'est contre les évêques, les abbés, que les populations
luttèrent le plus. Elles s'émancipè-
rent ainsi et s'habituèrent à ne plus
craindre la puissance de l'Eglise.* »
(Calvet, HISTOIRE DE FRANCE, p. 34).
Devinat, Brossolette et Debidour par-
tagent ce sentiment ; ils nous le disent en propres termes et par une
gravure très suggestive représentant
le meurtre de l'évêque de Laon, Gau-
dry.

6° LA BIENFAISANCE CATHOLIQUE ET SES
ŒUVRES PRESQUE PASSÉES SOUS SILENCE.

— Je ne vois que Rogie et Despiques en faire mention dans cet entrefilet : « *La bienfaisance, on dirait aujourd'hui l'assistance publique, était une des attributions du clergé. Les dons des fidèles servaient à l'entretien des prêtres, aux dépenses du culte, à la subsistance des pauvres et des orphelins, aux soins des malades.* » (HISTOIRE DE FRANCE, p. 29-30). Vous le voyez, c'est plutôt maigre.

Clergé séculier et ordres religieux avaient rempli largement leur rôle civilisateur jusqu'à la guerre de Cent ans. Grâce à eux et aux rois, la France avait atteint un si haut degré de prospérité qu'elle comptait alors près de trente-cinq millions d'habitants et que les salaires des ouvriers, en ville et en campagne, équivalaient aux salaires d'aujourd'hui. L'Eglise, il faut bien le dire, avait trouvé une précieuse ressource dans ses immenses richesses. Le moment est venu pour nous d'en parler. Que n'en a-t-on pas dit ? Quels reproches absurdes elles ont valu à l'Eglise ? « *Parmi les privilégiés, le clergé riche et puissant était un corps indépendant dans l'Etat. Les paysans travaillaient toute l'année pour le roi, pour leur seigneur, pour le clergé, pour tous ces favorisés dont les privilèges n'étaient que l'exploitation de leur misère.* » (Rogie et Despiques, HISTOIRE DE FRANCE, p. 131-132). « *Les deux premiers ordres formés de moins de 300,000 personnes avaient tous les droits, tous les privilèges. Ils se refu-*

saient à payer presque tous les impôts. Au clergé, le paysan payait la dîme ou le dixième de son revenu, mais souvent ce dixième se trouvait en fait porté au quart ou au tiers du revenu net. Le clergé et les nobles possédaient, sans avoir à payer d'impôts, les trois quarts du territoire. » (Debidour et Aulard, HISTOIRE DE FRANCE).
« *Avant 1789, le clergé formait une classe privilégiée qui possédait des biens et recevait un impôt : la dîme. La Constituante supprima la dîme et mit les biens de l'Eglise à la disposition de l'Etat.* » (Calvet, HISTOIRE DE FRANCE). « *La Constituante enleva au clergé ses biens immenses et les rendit à la nation et elle fit bien.* » (Devinat, HISTOIRE DE FRANCE).

La vérité est tout autre : 1° les biens du clergé avaient l'origine la plus légitime ; 2° la France se trouvait, au XVIII° siècle, le pays de l'Europe où la propriété foncière était la plus morcelée ; 3° celle du clergé représentait à peu près le cinquième de la totalité ; 4° la dîme équivalait au vingt-cinquième des récoltes ; 5° les impôts payés bon an mal an par le clergé montaient à près de dix-huit millions ; 6° depuis Charles VI jusqu'à Louis XVI, ses dons gratuits formaient la grande ressource de la France dans les mauvais jours ; 7° avec ses biens, elle subvenait à tous besoins du culte, de l'instruction et à une bonne partie de l'assistance publique ; 8° une forte portion de la dîme était consacrée à l'entretien des écoles.

Les écoles de l'ancienne France. Ah ! il faut entendre ce qu'en disent les Manuels. « *L'instruction publique était aux mains du clergé. On assure que les écoles étaient nombreuses, mais les instituteurs ignorants n'y enseignaient guère qu'une obéissance servile au roi et à l'Eglise.* » (Debidour et Aulard, HISTOIRE DE FRANCE, p. 216). « *Le gouvernement, sous l'ancien régime, se souciait fort peu de répandre l'enseignement primaire. Le clergé et la noblesse n'y tenaient pas davantage, estimant que les gens du peuple en sauraient toujours assez... L'enseignement secondaire était donné dans quelques collèges tenus par des prêtres... Vingt et une universités, toutes aux mains du clergé, distribuaient l'enseignement supérieur. Les abus étaient nombreux. Dans les collèges, les riches seuls avaient accès. On trouvait bien quelques boursiers, mais peu nombreux.* » (Calvet, p. 279). Heureusement, ce ne sont là que des mots, ou plutôt des mensonges. Pour l'enseignement secondaire, nous pouvons leur opposer un économiste révolutionnaire, Paul Boiteau. « Cet enseignement, dit-il, était donné dans plus de 600 collèges, grands et petits, à plus de 70,000 écoliers dont la moitié y étaient admis gratuitement et n'avaient à payer que le papier et les livres. L'instruction était aussi donnée gratuitement dans les 612 collèges que les Jésuites dirigeaient au moment de l'expulsion, et aussi dans ceux des Oratoriens, des Bénédictins, des Frères de la Doctrine chrétienne, des Minimes, des Barnabites, des Lazaristes, des prêtres séculiers et en dernier lieu des Joséphistes. Tous ces collèges étaient dotés comme les hôpitaux et les églises et on ne payait de rétribution que lorsque les revenus de la maison étaient insuffisants. » Est-ce péremptoire, cela ?

Quant à l'enseignement, primaire, d'après des travaux récents, on peut affirmer qu'il existait dans 70 % des paroisses du Nord, de l'Est, du Centre de la France et que, seules, les régions montagneuses du Midi en étaient dépourvues. Cet admirable résultat était dû en grande partie aux ordres ci-dessus nommés et à ceux des sœurs Ursulines, Visitandines et à d'autres plus petites congrégations écloses dans un grand nombre de diocèses.

Selon l'usage antique et solennel, parmi les ordres religieux, celui des Jésuites est le plus en butte à la haine de nos Manuels. M. Bayet ne manque pas de reproduire le *prétendu dialogue entre un père Jésuite et un honnête homme:* (MORALE ET INSTRUCTION CIVIQUE, p. 112). M. Payot affirme, sans preuve d'ailleurs, « *qu'en encourage la délation chez eux et dans les maisons imbues de leur esprit.* » (COURS DE MORALE, p. 159). Comme on exulte quand on les voit supprimés. « *Le Parlement de Paris vengea (les Jansé-*

nistes), *sur leurs principaux ennemis,
les Jésuites. Ceux-ci, compromis dans
la banqueroute d'un des chefs de leur
ordre, furent expulsés de France.* »
(Brossolette, HISTOIRE DE FRANCE, p.
101). Et l'on voudrait nous faire croire
que c'est la banqueroute du père La-
-valette qui amena la suppression des
Jésuites. La vérité est qu'ils succom-
bèrent sous les coups des philosophes
et pour n'avoir pas voulu obéir à Mad.
de Pompadour.

Après la Révolution, l'Eglise et les
Congrégations se sont remises à l'œuvre. Sur le terrain de la bienfaisance,
elles ont fait merveille. On l'a dit et
c'est vrai : « Pas une heure de la vie
du pauvre, pas un état de souffrance,
pas une situation dans laquelle il ne
voit la charité catholique accourir au-
devant de lui, toute prête à lui offrir
assistance, consolation, remède. »
Sur le terrain de l'enseignement, le
succès n'a pas été moins beau. Le
XIXᵉ siècle a vu naître 12 nouveaux ordres de religieux destinés à l'éducation
des garçons et des centaines d'ordres
de religieuses pour celle des filles. En
1900, l'Institut de Saint-Jean-Baptiste
de la Salle comptait près de 20,000
frères et plus de 600,000 élèves dans
le monde entier. En 1880, lorsque lé
gouvernement français voulut se passer de leurs services, les écoles con-
gréganistes élevaient 2,268,000 enfants
et aujourd'hui, après trente ans de
guerre acharnée, les écoles primaires
libres comptent encore plus de 1 mil-

lion 200,000 élèves. Des écoles secondaires, nous ne dirons qu'un mot : elles sont pleines et ne suffisent plus. Que faire contre une concurrence aussi gênante ? C'est bien simple : qu'on la supprime. Oh ! les auteurs des Manuels seront les premiers à applaudir. Voyons, est-ce qu'on peut laisser subsister quoi que ce soit de la loi Falloux, ainsi jugée par M. Calvet : « *L'Assemblée législative fit aussi la loi de 1850 sur l'enseignement qui mettait les instituteurs sous la surveillance du clergé. Elle espérait ainsi les forcer à enseigner à leurs élèves la haine de la République.* » (HISTOIRE DE FRANCE, p. 234). Peu importe s'il faut recourir à la force brutale. Tout est bon contre l'Eglise. Jules Ferry et Combes ont si bien commencé.

N'oubliez pas, je vous en prie, les citations suivantes : « *Un homme d'Etat, Jules Ferry, rendit alors de grands services. Il dispersa les moines qui refusaient d'observer la loi. Il ouvrit partout des écoles où garçons et filles furent obligés d'aller s'instruire.* » (Brossolette, HISTOIRE DE FRANCE, p. 142). « *Waldeck-Rousseau était un grand avocat. Il connaissait bien la loi et il voulait que tout le monde la respectât. Il le prouva quand il fut chef du gouvernement. Il rencontra alors des associations de religieux, des congrégations qui prétendaient ne point obéir aux lois de l'Etat : « Il faut les dissoudre »*, prononça-t-il, *et les congrégations rebelles cessèrent d'exister.* » (Ibidem, p. 144). Par ma foi, le style me semble aussi grotesque que la pensée est odieuse. Vous vous rappelez cette page où Louis Veuillot nous représente un bœuf trépignant le pâtre qu'il a renversé. Le pauvre pâtre est bien malheureux ; il est brisé par le bœuf... mais enfin celui-ci n'est qu'un bœuf et le pâtre vaut mille fois plus que lui. Messieurs de la libre pensée, l'Eglise est aujourd'hui à la place du pâtre ; dites ce que vous voudrez, je la trouve plus honorable que le bœuf.

XII

L'ÉGLISE ET LA TOLÉRANCE

Brutus Paturot, après avoir essayé de douze métiers sans réussir dans aucun, a résolu de se faire saltimbanque. Il a donc monté une baraque et, comme la corde anticléricale fait encore vibrer l'âme de quelques badauds, il a peint en lettres énormes sur sa porte d'entrée : *A la Buveuse de sang.* C'est l'Eglise catholique qu'il désigne ainsi. Pour justifier son affiche, Brutus s'est composé un petit boniment avec plusieurs extraits des Manuels scolaires.

Premier tour de manivelle : une première toile descend. Elle représente le sac d'une ville. Les habitants

fuient éperdus, d'autres tombent sous
les coups d'hommes bardés de fer;
« Mesdames et Messieurs, dit Brutus,
ceci vous représente les Croisades,
vous savez bien, ces expéditions fa-
meuses qui précipitèrent autrefois
l'Occident sur l'Orient. Jadis, on ap-
prenait à l'école que nos vieux pères
s'y étaient couverts de gloire et que
leurs vaillants coups d'épée avaient
servi puissamment la cause de la civilisation, mais aujourd'hui, grâce aux
travaux de récents historiens, on a
remis les choses au point. « *Les Croisades*, Mesdames et Messieurs, *furent
un long brigandage.* » (Debidour et
Aulard. RÉCITS FAMILIERS. P. 91). Vous
savez à qui nous les devons. « *C'est la
papauté qui en a eu l'idée. Elle voyait
dans une guerre sainte en Orient, le
moyen de montrer sa force et de servir ainsi ses prétentions à la domination du monde. Quant aux barons, ils
ont vu dans ces entreprises de beaux
coups à donner, peut-être des royau-
mes à acquérir ; du reste ils s'en-
nuyaient dans leurs châteaux et la
guerre en pays lointain était pour eux
une distraction.* » (Calvet. COURS
MOYEN. P. 34). Ne cherchez pas d'autres motifs à ces guerres horribles et
apprenez à haïr l'Eglise car « *sa domination intolérante et tyrannique ne
fut pas toujours bienfaisante.* » En
particulier : « *Les croisades firent des
milliers de victimes et accumulèrent
les ruines dans tout l'Orient.* » (Rogie
et Despiques. HISTOIRE DE FRANCE.

Cours moyen. P. 34-35). Pauvres Musulmans, doux comme des agneaux !

Second tour de manivelle : la seconde toile descend. Elle représente un cachot. Un prisonnier, les mains liées derrière le dos comparaît devant deux moines qui l'interrogent, pendant qu'un autre moine écrit ses réponses. Près du tribunal se tient le tortionnaire, un lourd maillet à la main. Dans un coin, se dresse le billot avec son anneau de fer (Debidour et Aulard. HISTOIRE. Cours supérieur. P. 92). La voix de Brutus Paturot prend un accent lugubre : « Mesdames et Messieurs, nous marchons d'horreur en horreur. Vous avez ici, sous les yeux, une scène du tribunal de l'Inquisition. « *C'était une juridiction purement ecclésiastique qu'instituèrent les papes et qui eut pour but de rechercher et de punir les hérétiques, c'est-à-dire, ceux dont la croyance s'écartait de la doctrine prescrite par le Saint-Siège... Il suffisait souvent, pour être accusé d'hérésie et arrêté, d'être l'objet d'une dénonciation anonyme. L'accusé était mis au secret, n'était pas confronté avec ses accusateurs et n'avait pas de défenseur. Pour l'obliger d'avouer son hérésie, on le mettait à la torture. S'il avouait, on le condamnait soit à la détention perpétuelle, soit à des amendes ruineuses, soit à des pénitences dures et humiliantes... soit même à la mort ; s'il se rétractait, il était déclaré relaps et toujours exécuté (c'est-à-dire brûlé). L'In-*

*quisition détruisit toute pensée libre
dans le Midi de la France, où elle fit
au XIII° siècle d'innombrables victimes.* » (Ibidem. P. 91). Par le Midi de
la France, on entend les contrées où
vivaient de soi-disant hérétiques nommés Albigeois. Pauvres victimes
de loups dévorants, et je n'ai
pas tout dit : « *En Espagne, jadis, les
catholiques ont égorgé et torturé plus
de 80,000 hommes, uniquement parce
que ces hommes n'étaient pas catholiques.* » (Bayet. INSTRUCTION MORALE
ET CIVIQUE. Cours moyen. P. 161). Si
je ne craignais d'être trop long, je
vous réciterais la page enflammée
dans laquelle Michelet nous raconte
l'expulsion des Juifs et des Moris-
ques. Vous pourrez la lire dans l'excellent manuel de M. Primaire, p. 14-
15. Pauvres Maures ! Pauvres Juifs !
Ils sont bien à plaindre. Mesdames
et Messieurs, souvenez-vous en. »

Troisième, quatrième, cinquième,
sixième tours de manivelle. Comme il
s'agit du protestantisme, Brutus Paturot lui a fait bonne part. La troisième toile, la quatrième, la cinquième, la sixième descendent successi-
vement. Troisième toile : C'est Etien-
ne Dolet sur son bûcher. Un évêque à
figure de bandit, mitre en tête et la
croix dressée, lui fait face (Debidour
et Aulard. Cours supérieur. P. 135).
Paturot oublie de dire que Dolet s'est
confessé et est mort plein de repentir,
invoquant la Sainte Vierge. Quatrième
toile : C'est la Saint-Barthélemy. Un

moine, le crucifix dans la main droite, une torche dans la main gauche guide les massacreurs (Ibid., 153). Cinquième toile : Un dragon de Louis XIV pend une femme par les cheveux et la fouille ; un autre garrotte le père pendant qu'un troisième joue avec un nouveau-né comme avec un ballon (Debidour et Aulard. Cours moyen. P. 111). Sixième toile : Un groupe de protestants condamnés aux galères sont poussés à coups de crosse de fusil cependant qu'un seigneur flanqué d'un moine contemple ce spectacle avec indifférence (Bayet. INSTRUCTION MORALE ET CIVIQUE. Cours moyen. P. 164).

Brutus Paturot n'est pas riche, mais il se propose, s'il gagne quelques sous, d'augmenter le nombre de ses tableaux. Ce sera d'abord Galilée à genoux sur une estrade devant la Bible, et écoutant d'un air piteux sa sentence (Primaire, MANUEL DE LECTURES, p. 29). Ce sera Poltrot de Méré guettant le passage du duc de Guise pour l'assassiner et Paturot expliquera « *que c'était la vengeance des pendaisons d'Amboise et de la boucherie de Vassy.* » (Devinat, HISTOIRE DE FRANCE, p. 55). Ce sera Henri IV fléchissant le genou devant l'évêque qui le réconcilie avec l'Eglise (Ibidem, p. 59). Et Paturot énoncera le motif de cette conversion intéressée : « *Pour terminer la lutte, Henri IV se fit catholique.* « *Paris, dit-il, vaut bien une messe.* » (Devinat, p. 57). Le mot n'a jamais été prononcé, raison de plus pour qu'on le répète. Ce sera enfin le chevalier de la Barre : il n'avait fait que briser un calvaire en blasphémant. Aux yeux des bons libres penseurs, c'est bien peu de chose ! On le représentera sur son bûcher, ayant devant lui l'inévitable évêque et les inévitables moines, mais on ne dira pas qu'il avait été étranglé avant d'être brûlé. (Brossolette, HISTOIRE DE FRANCE, p. 101). Et à chacune des exhibitions, la voix de Brutus Paturot se fera de plus en plus lugubre et se terminera par le refrain habituel : « Mesdames et Messieurs, souvenezvous. Se souvenir c'est veiller et il faut veiller car : « *En France même, il y a des gens qui voudraient voir recommencer les horreurs d'autrefois et qui menacent même de mort ceux qui n'ont pas les mêmes croyances religieuses qu'eux.* » (Bayet, INSTRUCTION MORALE ET CIVIQUE, p. 162).

Messieurs les inspecteurs pourraient-ils nous affirmer que le langage mis ici dans la bouche de Paturot, n'a jamais été tenu dans les écoles primaires ?

A ceux qui, après s'être documentés sur les illustrations, voudront se documenter sur les textes eux-mêmes, nous indiquons les références ci-après : (Brossolette, HISTOIRE DE FRANCE, p. 22, 59 et suivantes) (Devinat, p. 14, 50 à 57, 88 à 90) (Guiot et Mane, p. 52, 94 à 97, 126 et 127) (Rogie et Despiques, p. 34 et 35, 84 à 91, 110)

(Primaire, Manuel de Lectures, p.
14 et 133). Ils verront comment les
faits historiques sont dénaturés sans
vergogne. Esquissons maintenant une
brève réfutation.

On accuse les croisades de brigandage. Nous disons, nous, qu'elles furent légitimées par l'oppression que
les Musulmans faisaient peser sur les
fidèles de la Terre-Sainte, par l'état
de guerre perpétuelle auquel ils rédui-
saient leurs voisins, par leur dessein
non dissimulé de détruire d'abord
Constantinople et ensuite toute la
chrétienté. Nous disons que l'esprit de
foi fut le principal motif de ces cheva-
leresques expéditions.

On s'apitoie sur les Albigeois. Nous
regardons, nous, ces hérétiques comme de purs anarchistes, ennemis non
seulement du christianisme, mais de
tout ordre social. Le surnom de Pa-
tarins, qu'on leur donna, en disait
long sur leur hypocrisie et sur leurs
mœurs. Reportez-vous à l'Histoire des
Variations, de Bossuet, livre XI,
§ LXI, où le grand controversiste re-
produit les témoignages de saint
Bernard, et après cela vous viendrez
nous dire, si vous le voulez, que
c'étaient des hommes : « *qui osaient
penser librement, des hommes de progrès.* » (Primaire, Manuel de Lectures, p. 17).

On s'élève contre l'Inquisition.
Nous disons, nous, qu'elle fut établie
comme une mesure d'ordre social. Les
clercs n'avaient pas d'autre rôle que

celui de nos jurés dans les cours d'assises, seuls les laïques pouvaient prononcer et appliquer la peine capitale édictée par le pouvoir civil. A Rome, le tribunal du Saint-Office ne signa jamais une condamnation à mort. Si les anticléricaux italiens lui ont attribué le supplice de Giordano Bruno, c'est une erreur victorieusement détruite par Théophile Desdouits.

Allons plus loin et disons avec César Cantu que son institution fut un progrès. « Substituée aux massacres à main armée ou aux conseils de guerre qui n'avaient pas le droit de grâce, l'Inquisition était exercée par des ecclésiastiques, gens plus éclairés et moins cruels. Avant de procéder, elle donnait deux avertissements. Elle n'arrêtait que les obstinés et les relaps, acceptait le repentir de celui qui abjurait son erreur et se contentait souvent de châtiments moraux. Elle sauva beaucoup de personnes qui eussent été condamnées par des tribunaux séculiers. En Italie, une constitution de Célestin III et d'Innocent III recueillie dans le droit canonique, distingue les procédures par voie de dénonciation et celles par voie d'inquisition. Mais dans toutes, les témoignages sont publics, la défense et le débat admis. Les hérétiques jugés selon la loi canonique, pouvaient connaître l'accusateur et les témoins, ils avaient un défenseur et le débat était public. » (César Cantu, LES HÉRÉTIQUES

D'Italie, p. 191-193). Voilà qui doit gêner quelque peu MM. Debidour et Aulard.

On en veut surtout à l'Inquisition espagnole. Certes, nous sommes loin de prétendre justifier tous ses actes. Plusieurs fois, les papes l'ont blâmée et ont révoqué les inquisiteurs. C'était un tribunal plutôt civil que religieux, relevant plus du roi que du Saint-Siège. Il y a pourtant quelques remarques à faire. 1° Comme elle connaissait non seulement du crime d'hérésie, mais de quatorze autres crimes de droit commun, ses condamnations devaient être plus nombreuses que celles de l'Inquisition ordinaire ; 2° La plupart des critiques faites contre elle émanent de Lhorente, moine apostat et traître à sa patrie ; 3° Elle a débarrassé l'Espagne des Maures et des Juifs, leurs alliés, ses ennemis irréductibles. Elle a opposé au protestantisme une barrière infranchissable ; 4° Elle a épargné à l'Espagne les horreurs des guerres de religion ; 5° D'après Lhorente, dont les chifffres sont certainement très enflés, elle aurait, en trois siècles, fait 34,000 victimes. Or, rien qu'en deux règnes, l'Angleterre vit périr, sous Henri VIII 70,000 catholiques et sous Elisabeth, 40,000.

On exalte les chefs de la Réforme. Nous disons, nous, que Luther fut un homme de mauvaise foi, ne croyant pas à ce qu'il prêchait, un fauteur d'anarchie — qu'on se rappelle les 100,000 paysans pervertis par sa doctrine et qu'il fit écraser par les seigneurs — toujours à genoux devant le pouvoir civil, remettant entre ses mains l'autorité qu'il déniait au pape, promoteur enfin de ces épouvantables guerres de religion qui coûtèrent rien qu'à l'Allemagne près de deux millions de ses enfants.

La figure de Calvin est moins attrayante encore. — Sectaire renforcé, aussi fécond que Luther en injures, ne supportant aucune contradiction, son règne à Genève fut celui d'un despote triste et sanguinaire. Il suffit de nommer le poète Gruet, les patriotes avec leur chef Berthelier, les prétendus auteurs de la peste de 1545, Michel Servet, Valentin Spifame, mis à mort sur ses injonctions, pour prouver que la tolérance fut la moindre de ses vertus.

Dans les guerres de religion, on fait jouer constamment aux catholiques le rôle de provocateurs. Rien de plus faux. Les violences sacrilèges des protestants, lesquelles commencèrent en 1526, leur première entente avec l'étranger qui date de 1534, les placards qu'ils affichèrent à Paris et à Blois, jusque sur la porte de la chambre du roi, les menaces qu'ils firent de démolir les églises et de piller le Louvre, voilà les vrais motifs qui déterminèrent le pouvoir à sévir contre eux.

On prétend que les Guises donnèrent à Vassy le signal de la guerre civile. L'échauffourée de Vassy est du 27 février 1562. Or, dès 1559, les Calvinistes parcouraient les Cévennes et le Languedoc, pillant églises et abbayes, expulsant prêtres, moines et religieuses, quand ils ne les tuaient pas, et forçant, à coups de bâton, les paysans à se rendre au prêche. Ils s'emparaient, dès cette époque, des villes les plus importantes, même de Toulouse. Maîtres de Montpellier, ils y massacraient, le 20 octobre 1561, deux cent cinquante catholiques.

On dit que, la guerre une fois engagée, ce fut chez les protestants et les catholiques la même absence de patriotisme, que les premiers sollicitèrent le secours de l'Espagne et les seconds celui de l'Angleterre. Mais nous ferons observer qu'en s'alliant avec l'Espagne, Charles IX ne lui cédait aucun territoire, tandis que Coligny vendait à l'Angleterre Le Havre et Dieppe et s'engageait à lui restituer Calais que le grand Guise venait de reprendre.

Arrivé à la Saint-Barthélemy, on n'ose pas dire ouvertement qu'elle fut l'œuvre de l'Eglise, mais on l'insinue par d'odieuses images. On prétend que ce fut un attentat longuement prémédité. Notre ancien bibliothécaire, M. Loiseleur, a victorieusement démontré le contraire. M. Kervyn de Lettenhove va plus loin ; il établit que Coligny tramait en secret une conspiration, que, le 23 août, ses affidés fixaient l'exécution du complot au

lendemain 4 heures du matin. Voyant
l'imminence du péril, le roi ordonna
de mettre à mort Coligny et les principaux chefs. Le nombre des victimes
pour toute la France, d'après les cal-
culs les plus exacts, ne dépassa pas
8,000. Depuis quinze ans, les Huguenots en avaient fait au moins cinq
fois plus.

On blâme la révocation de l'édit de
Nantes. Disons tout d'abord qu'elle
fut accueillie avec faveur par toute la
nation. Les protestants, affirme M.
Aulard, étaient « des sujets fidèles »,
« de bons citoyens ». Oui, il y en avait
dans la flotte et dans l'armée ; mais
la masse du parti ? Jugez plutôt. En
1602, conspiration avec Biron, la Sa-
voie et l'Espagne pour démembrer la
France. De 1615 à 1628, trois révoltes
successives. En 1650, plan d'une constitution républicaine élaboré pour le
midi de la France : Bordeaux doit.
être la capitale de la fédération. Pour
prix de leur coopération, on promet
un port aux Anglais. En 1659, le sy-
node de Montpazier signe un engage-
ment ferme avec les Anglais, promettant de leur livrer toutes les villes
dont il pourrait disposer quand ceux-
ci opéreraient une descente dans la
province. Pendant la guerre de Hollande (1672), Michelet lui-même reconnaît que la France sentait une autre Hollande s'agiter dans son sein et
qui se réjouissait des succès de la
première. En 1674, Sardan de Paul,
syndic général des confédérés du Lan-

guedoc, conspire tour à tour avec la Hollande, l'Espagne et l'Allemagne. En 1683, dans une assemblée réunie à Chalençon, on décide l'établissement de camps retranchés pour résister aux troupes royales et on réclame l'assistance des princes protestants.

Combien de réformés émigrèrent-ils ? Plus de 200.000, prétend M. Aulard ; 250.000, selon M. Lavisse ; plus de 500:000, à en croire M. Calvet. En attendant qu'ils se mettent d'accord, on peut raisonnablement réduire ces chiffres à 80,000 environ.

Reconnaissons loyalement qu'on ne rend pas l'Eglise responsable des dragonnades, mais, ce qu'on oublie de dire, c'est qu'elle les blâma : Fénelon en Saintonge, Bossuet à Meaux, Mgr de Coislin à Orléans, Mgr Le Camus à Grenoble n'en voulurent à aucun prix, et le pape Innocent XI fit dire au roi « que l'effet en était très mauvais ». Quant aux traitements atroces infligés à certains réformés et dont parlent les manuels, le récit en est tiré du Martyrologe protestant, dont la tendance à l'exagération est généralement reconnue. En tout cas, c'est une indignité d'en donner comme complices les enfants de saint Vincent de Paul, vrais frères des galériens et des prisonniers, comme chacun sait.

Une dernière réflexion. Quand il s'agira des émigrés marchant en armes contre la France, on n'aura pas assez d'invectives ; pourquoi semblet-on approuver les protestants se mettant au service des souverains de la Ligue d'Ausbourg ? Ils se montrèrent nos ennemis les plus acharnés. Est-ce que la balance de la justice scolaire aurait deux poids et deux mesures ?

XIII

LEUR JEANNE D'ARC ET LA NOTRE

Orléans — Place du Martroi, 8 mai 1909, 7 h. ½ du matin. — Un prêtre du pays explique à l'autres prêtres étrangers les bas-reliefs de la statue de Jeanne d'Arc. Deux groupes sont déjà formés sur le trottoir. L'un se compose d'individus qui paraissent être des marchands de tabac ou des titulaires de quelques autres sinécures gouvernementales. La franc-maçonnerie les a mobilisés pour troubler la fête, mais devant la marée formidable de l'enthousiasme populaire, ils jugeront bientôt prudent de battre en retraite. Dans le second groupe, d'une tournure plus distinguée, jointe à un air de suffisance bien caractéristique, on distingue plusieurs porteurs du ruban violet. Ce sont évidemment des primaires en congé. Ils regardent les prêtres du coin de l'œil et l'un d'eux haussant légèrement la voix : « Tout.

cela, c'était bon pour autrefois, mais aujourd'hui qu'on sait son histoire ! » Le premier groupe ne se détourne pas, mais on entend ces mots prononcés en sourdine : « Ces curés, ils ont brûlé Jeanne d'Arc et maintenant ils voudraient nous forcer à faire sa fête ! ». Vous avez, dans ces deux réflexions, le résumé des pages consacrées par les Manuels à la Pucelle d'Orléans.

Quand on connaît son histoire, pas de surnaturel dans sa mission. « *Elle croyait avoir entendu des voix qui lui ordonnaient de chasser l'ennemi, de faire sacrer le roi, de délivrer la France.* » (Brossolette, COURS MOYEN, p. 38), « *Il lui semblait que les saintes lui répondaient : « Jeanne, va délivrer Orléans.* » (Devinat, COURS MOYEN, p. 24). « *Jeanne était une paysanne douce et pieuse, qui prit pour un ordre de Dieu les appels de son cœur.* » (Calvet, p. 50-51). « *Elle assure que dans ses rêveries, tandis qu'elle faisait paître ses troupeaux, elle a entendu des voix qui lui disaient : « Va au secours du roi de France, rends-lui son royaume.* » (Guiot et Mane, p. 65). « *C'était une jeune fille ignorante et extatique ; elle adorait la France et voulait la sauver.* » (Debidour et Aulard, p. 108).

Malheureusement pour les historiens libres penseurs, les historiens catholiques ont scruté la vie de la sainte héroïne, jusque dans les moin-

dres replis. On peut entasser objections sur objections, pas une seule ne
restera sans réponse.

Si vraiment Jeanne d'Arc n'a pas
entendu ses voix, de trois choses
l'une : ou bien c'est une hallucinée,
ou bien c'est une auto-suggestionnée,
ou bien c'est le milieu dans lequel elle
a vécu qui a créé son illusion.
Voyons, est-ce l'hallucination hysté-
rique que vous prêtez à la robuste
paysanne, douée d'un corps si vigou-
reux et d'un esprit si équilibré ? On
vous démontrera qu'elle ne connut
ni les conditions internes, ni les
agents éloignés, ni les agents immé-
diats de cette maladie, qu'elle n'en
éprouva aucun des effets ni dans son
intelligence, ni dans sa volonté, ni
dans son organisme. On vous démontrera que ses visions sont tout le contraire des visions d'une névrosée. Est-
ce l'hallucination qu'on a cru remarquer dans quelques hommes de gé-
nie ? On vous dira que la ténacité
d'une hallucination ne peut se concevoir avec l'exercice de la raison. On
vous démontrera que, pour qu'elle
coïncide avec cet exercice de la raison,
il faudrait qu'elle fût passagère, qu'elle eût un rôle accessoire. Or, dans
votre hypothèse, chez Jeanne d'Arc,
l'hallucination aurait duré sept années consécutives et aurait été le mo-
bile unique de sa vie. Quelle absurdité !

Battus sur ce point, vous invoquez

l'auto-suggestion. Les voix de Jeanne d'Arc seraient quelque chose de subjectif qu'elle se serait formé elle-même. Mais si ces voix sont son œuvre, le produit de sa pensée, elle ne doit jamais être en contradiction avec elles. Comment alors se fait-il qu'elle leur oppose tant d'objections, qu'elle s'efforce de décliner la mission qu'elles lui imposent ? Comment se fait-il donc que ces voix sont mainte fois en désaccord avec ses désirs ? Comment se fait-il qu'au moins une fois elle leur ait résisté d'une façon absolue ? Comment se fait-il qu'à plusieurs reprises, dans sa prison, elle ne comprenne pas le sens de leur langage ? Nous vous mettons au défi de répondre péremptoirement à ces questions.

Soit, direz-vous, ce n'est pas Jeanne qui a créé elle-même ses voix, c'est le milieu où elle a vécu, qui en est l'auteur. Mais je puis vous faire la même objection, quel que soit l'agent extérieur qui a déterminé la création de ces voix ; si elles n'ont rien de réel, c'est toujours l'imagination, la pensée de Jeanne qui leur a donné un corps et alors reviennent les mêmes questions insolubles que ci-dessus. D'ailleurs, cette hypothèse de l'influence du milieu ne tient pas debout. Elle a été créée uniquement pour les besoins de la cause. « *Quand seule dans la forêt voisine, elle songeait à cette guerre maudite dont on parlait autour d'elle, à tant de meurtres, de massacres, de pillages et d'horribles misères, son cœur se fondait de pitié, ses yeux se remplissaient de larmes. Elle suppliait souvent ses saintes de secourir son pays et son roi et il lui semblait que les saintes lui répondaient : Jeanne, va délivrer Orléans. «* (Devinat, Cours Moyen, p. 24). (Cf. Calvet, p. 50 et 51). Mais Domrémy fut certainement à cette époque un des coins les plus tranquilles du royaume. De plus, si ce sont les malheurs du peuple qui ont suscité Jeanne d'Arc, alors ce n'est pas une, mais cent héroïnes semblables que nous aurions dû voir se lever dans les contrées foulées par l'Anglais. Rogie et Despiques assignent d'autres causes à cette vocation extraordinaire. « *C'était l'ardeur de son patriotisme et l'amour du souverain et du peuple qui se manifestaient chez elle sous une forme religieuse.* » (Histoire de France, p. 52). (Cf. Aulard, p. 108). Nous ferons la même réponse. Les vues élevées et religieuses sur la royauté et son rôle n'étaient pas l'apanage exclusif de Domrémy. Elles existaient dans toute la France et alors pourquoi n'y aurait-il eu qu'une Jeanne d'Arc ? Nous n'en avons pourtant pas encore fini avec les explications rationalistes. La plus cocasse est celle qui insinue que Jeanne d'Arc pourrait bien avoir été un démagogue. « *A Domrémy, Jeanne d'Arc enfant, gardait les moutons de son père. Bonne et pieuse, elle souffrait de la guerre qui faisait couler le sang autour d'elle. Elle résolut de sauver la France, perdue par le roi et par les nobles.* » (Brossolette, Cours Moyen, p. 39). C'est le peuple qui, seul avec elle, délivre le pays. « *Que représente la timide bergeronnette ? Le peuple de France qui souffre depuis cent ans l'étranger maître du sol de la patrie, brûle les chaumières. En face de cet étranger maudit, le peuple toujours fidèle, sent qu'il y a une France qui ne saurait périr ! La guerre devient nationale.* » (Guiot et Mane, p. 65). Toujours la même réflexion : si le patriotisme populaire était assez puissant pour enfanter des libérateurs, comment n'en a-t-il pas produit des centaines ? Quant à Jeanne d'Arc démagogue, on ne nous en voudra pas de laisser cette idée saugrenue, sans la discuter, à ceux qui l'ont inventée.

« Tout plutôt que l'intervention de Dieu ; tout, même l'absurde, plutôt que le surnaturel dans cette vie incomparable », tel est, en résumé, le mot d'ordre des Manuels scolaires. Abandonnons-leur donc la Jeanne d'Arc qu'ils se sont formée ; elle est bonne pour eux et les lycées de filles. La nôtre, c'est l'enfant aux vertus héroïques qui puisent leur force dans une religion bien entendue et une piété profonde ; c'est l'inspirée en commerce très fréquent avec le ciel ; la voyante illuminée et illuminatrice ; la prophétesse, l'ange des batailles et en même temps l'ange de la charité, en un mot, la fille de

Dieu dans toute l'acception de ce grand mot.

Echos de l'histoire antireligieuse, les manuels voient dans Jeanne d'Arc une victime de l'Eglise. « *Un tribunal d'ecclésiastiques français ralliés aux Anglais lui fit un odieux procès.* « (Rogie et Despiques). « *Enfermée dans une tour du château de Rouen, elle est jugée par les tribunaux de l'Eglise.* » (Guiot et Mane). « *Les Anglais n'osant la condamner eux-mêmes, la livrèrent à l'Inquisition qui la jugea à Rouen. Les mauvais Français qui composaient ce tribunal, ne rougirent pas d'envoyer à la mort cette héroïne* » (Debidour et Aulard). « *Enfermée dans un cachot du château de Rouen, elle est jugée par les tribunaux de l'Eglise* » (Guiot et Mane). Devinat nous la représente « *vendue aux Anglais et condamnée par un tribunal de prêtres* ». La conclusion logique de toutes ces citations c'est qu'on ne saurait laver l'Eglise de cet abominable forfait. Il nous semble, au contraire, très facile d'établir que le procès de Jeanne d'Arc fut avant tout un procès politique, un procès uniquement anglais, et que le tribunal, bien que composé d'ecclésiastiques, ne fit qu'un faux procès d'Eglise. C'est au nom du gouvernement anglais que Jeanne est achetée à Jean de Luxembourg. Il ne la prête que conditionnellement à Pierre Cauchon ; il veut qu'elle soit gardée dans ses prisons ; le procès se fait et se poursuit en son nom ; il en paie les frais ; il ne cache nullement que le but qu'il poursuit, est la mort de la Pucelle ; il exerce sur les juges èt les assesseurs, une pression éhontée ; enfin, il garde à toute heure la direction du procès.

Faux procès d'Eglise, avons-nous dit. L'évêque de Beauvais était sans juridiction sur Jeanne d'Arc. Mais il jugea, dit-on, de concert avec l'Inquisition. Nous répondons que le vice-inquisiteur, Jean Lemaître, n'assista au procès que contraint et forcé et que tous les deux, Cauchon par mauvaise foi et lui par lâcheté, violèrent outrageusement les règles du Saint-Office. Qu'on ne l'oublie pas, les avocats d'Isabelle Romée et de ses fils, au procès de réhabilitation, crurent pouvoir invoquer 101 cas de nullité. Il est vrai que plusieurs de ces cas rentraient les uns dans les autres, mais toujours est-il que le tribunal en retint plus de 30, ce qui était, ce nous semble, bien suffisant. A noter particulièrement l'appel interjeté plusieurs fois par Jeanne au Saint-Siège et que Cauchon avait refusé de recevoir et même de mentionner.

On estime généralement et les manuels semblent dire que les ecclésiastiques, auteurs de la mort de la Pucelle, furent nombreux. C'est une erreur. Il y eut deux grands coupables, les deux juges ; Cauchon et Lemaître, seuls responsables. On peut leur adjoindre quelques-uns des six docteurs de l'Université de Paris ; nous disons quelques-uns, car il n'est pas impossible que plusieurs d'entre eux aient été trompés (Quicherat dit : roulés) par Cauchon. Quant aux quarante-deux assesseurs appelés à donner leur avis sur le cas de relapse qui détermina la condamnation de l'accusée, tous la déclarèrent relapse en fait, parce qu'elle avait repris l'habit d'homme, mais trente-neuf sur les quarante-deux demandèrent qu'avant de la déclarer relapse en droit et hérétique et de l'abandonner au juge séculier, on lui relût la cédule d'abjuration qu'elle était censée avoir souscrite au cimetière Saint-Ouen. Ils voulaient s'assurer si elle l'avait bien comprise et si elle en maintenait les termes. Comme cette cédule était un faux, Cauchon se garda bien d'obtempérer à la demande des assesseurs. Dès lors ceux-ci se refusèrent à la juger relapse en droit et hérétique et ils libérèrent ainsi leur conscience. Cauchon ne tint aucun compte de leur avis.

C'est donc faire preuve de légèreté que d'attribuer à l'Eglise la mort de Jeanne d'Arc. L'Eglise a approuvé sa mission à Poitiers ; l'Eglise a réhabilité sa mémoire avec Calixte III ; l'Eglise l'a célébrée avec Benoît XIV ; l'Eglise l'a exaltée avec Léon XIII et Pie X, et le moment est proche, du moins nous l'espérons, où, après l'avoir proclamée Bienheureuse, elle déposera sur sa tête la couron-

ne de la sainteté. Voilà le vrai rôle de
l'Église dans l'histoire de Jeanne
d'Arc, et l'iniquité d'un Cauchon n'entache pas plus son honneur que l'iniquité de Judas n'a entaché celui du
collège apostolique.

XIV

LES GRANDS PRÉCURSEURS

Aulard nous les représente dans
une illustration de son Cours supérieur, p. 108. Ils sont réunis chez Diderot ; leur table est surchargée de
paperasses ; d'énormes bouquins accostés d'une mappemonde gisent sur
le plancher et la discussion paraît
animée. Ce sont les initiateurs de la
France moderne. Reste à savoir ce
que valent leurs œuvres et ce qu'ils
valent eux-mêmes. Nous allons pour
cela d'abord interroger les Manuels.
Ils feront la première cloche. Nous en
appellerons ensuite aux témoignages
irrécusables : ils feront la seconde
cloche et on sera plus d'une fois
étonné de voir quels sont les sonneurs.

I. — *L'Encyclopédie*. — Première
cloche. Sonneurs : MM. Brossolette,
Aulard et Rogie. *L'Encyclopédie « est
un des plus grands monuments qui
aient été élevés à la gloire du travail
et de l'esprit humain. »* (Brossolette,

144). « *Diderot et d'Alembert et une société d'écrivains remarquables, publièrent, au milieu du siècle, l'Encyclopédie, vaste compilation où, en résumant l'état actuel des connaissances, ils combattirent le fanatisme religieux.* » (Aulard. Cours supérieur: p. 109). « *Diderot et d'Alembert, d'humble origine, réclamèrent des réformes radicales. Pour permettre à l'homme d'user de sa liberté, ils voulurent l'instruire et résumèrent les connaissances de leur temps dans un gros dictionnaire : l'Encyclopédie. A côté de certaines erreurs, il y avait beaucoup de projets hardis et d'idées nouvelles.* » (Rogie. Cours moyen. P. 133).

Seconde cloche.. Sonneurs : les Encyclopédistes eux-mêmes. « *L'Encyclopédie devint un gouffre où des espèces de chiffonniers jetèrent pêlemêle une infinité de choses mal vues, mal digérées, bonnes, mauvaises, détestables, vraies, fausses, incertaines et toujours incohérentes et disparates.*» (Diderot). « *J'examine notre travail sans partialité. Je vois qu'il n'y a peut-être aucune sorte de faute que nous n'ayons commise et je suis forcé d'avouer que d'une Encyclopédie telle que la nôtre il entrerait à peine les deux tiers dans une véritable encyclopédie.* » (Voltaire).

C'est ce qu'on appelle être jugé par ses pairs. On prône néanmoins l'Encyclopédie parce qu'elle a combattu le *fanatisme,* c'est-à-dire les croyances religieuses, sous une forme modé-

rée et en infiltrant goutte à goutte
dans les âmes, sans ostentation, sans
éclat, des idées qu'on n'aurait pu ex-
poser trop ouvertement.

Le principal ouvrier n'est pas plus
beau que son œuvre. Si on veut faire
le portrait de Diderot, on peut dire
qu'il fut le dernier des hommes. Sa
probité ne lui défendit pas d'escro-
quer à un religieux certaine somme
dont il avait besoin. Sa douceur rêvait
d'étrangler le dernier des prêtres avec
les boyaux du dernier des rois. Mauvais fils, il écrivait à une créature
ignoble sur le cercueil même de son
père ; mauvais frère, il ne cessa
jamais de calomnier son frère,
chanoine de Langres, pieux et
charitable ; mauvais époux, il vivait
dans une infidélité continuelle ; mauvais père, il apprit à sa fille le liber-
tinage. « J'ai trouvé ma fille si avan-
cée, écrivait-il à Mlle Volland, que
chargé par sa mère de la promener,
j'ai pris mon parti et lui ait révélé
tout ce qui tient à l'état de femme... »
On ne peut continuer.

II. — *Rousseau.* — Nous allons des-
cendre encore un peu plus bas. 1°
L'Educateur. Première cloche. Sonneur : M. Devinat. « *Pour que l'homme fût digne de la liberté, il fallait le
rendre meilleur, c'est-à-dire, faire
son éducation. Dans un beau livre :
l'Emile, Rousseau expose comment il
entend l'éducation d'un homme destiné à vivre dans sa République.
L'Emile est tout rempli d'idées nou-

velles. Il demande que l'enfant soit nourri par sa mère et non par une nourrice étrangère, qu'on le laisse croître libre et heureux, puis qu'on développe son intelligence et sa volonté. » (COURS MOYEN. P. 109).

Seconde cloche. Sonneur : Voltaire. *Avant l'apparition de l'Emile, il écrit :* « *Je n'ai point encore cette Education de l'homme le plus mal élevé qui soit au monde. Ce polisson s'avise d'écrire sur l'éducation ! Mais auparavant, il faudrait qu'il eût de l'éducation lui-même* ». *L'Emile* a paru. « *C'est un fatras d'une sotte nourrice en quatre tomes et par une inconséquence digne de cette tête sans cervelle et de ce Diogène sans cœur il dit autant d'injures aux philosophes qu'à Jésus-Christ.* » *Et dans une autre lettre :* « *Nous avouons avec douleur et en rougissant que c'est un homme qui porte encore les marques funestes de ses débauches et qui, déguisé en saltimbanque, traîne avec lui de village en village, et de montagne en montagne, la malheureuse dont il fit mourir la mère et dont il a exposé les enfants à la porte d'un hôpital, en rejetant les soins qu'une personne charitable voulait avoir d'eux et en abjurant tous les sentiments de la nature, comme il dépouille ceux de l'honneur et de la religion.* » Pour une exécution, je crois que c'est une exécution. « O châtiment du vice fouetté par le vice ! » comme dirait Louis Veuillot.

2° *Le Sociologue.* — Première cloche: Sonneur : M. Brossolette. « *Les ouvrages que publia (Rousseau), entre autres le Contrat social, firent grand bruit. Rousseau proclamait l'abolition des privilèges, l'égalité des citoyens. C'est l'idée de la souveraineté nationale qui plus tard devait conduire la France à la République et au suffrage universel.* » (COURS MOYEN. P. 114). Seconde cloche. Sonneur : encore Voltaire. « *Cette thèse du Contrat social n'est qu'extravagante... Cette idée est digne d'un précepteur qui, ayant un jeune gentilhomme à élever, lui fit apprendre le métier de menuisier... Et encore : Tout cela est d'une fausseté révoltante... Tant d'ignorance jointe à tant de présomption indigne tout homme instruit... Quand on sait enfin quel est l'auteur de ces inepties on se contente de rire. Plus loin : Cet amas indécent de petites antithèses cyniques ne convient nullement à un livre sur le gouvernement. Et comme conclusion : Si on se donnait la peine de lire attentivement ce livre du Contrat social, il n'y a peut-être pas de page où l'on ne trouvât des erreurs et des contradictions.* »

Le Parlement de Paris condamna tout à la fois le *Contrat social* et *l'Emile*. Mais il ne fut pas le seul : Le magnifique conseil de Genève en fit autant. Plus tard les ouvrages du philosophe révolutionnaire devaient figurer sur la table du *Comité de Salut public*. C'était à côté d'eux que les pourvoyeurs de l'échafaud devaient dresser la liste de leurs victimes. Je m'étonne que ce petit détail ne soit pas mentionné dans les Manuels.

III. — Enfin, voilà Voltaire ! Oh ! celui-là eut toutes les qualités. Première cloche. Sonneurs : MM. Calvet, Brossolette, Rogie et Despiques, Aulard, Devinat, etc. « *Le nom de Voltaire est très justement cher à la France... Il a eu l'immense mérite de prêcher et de contribuer à répandre en France et en Europe cette vertu inappréciable qu'on appelle la tolérance religieuse.* » (Calvet, 139). « *Il lutta avec acharnement contre l'intolérance de l'Eglise qui avait usé de la force pour imposer ses dogmes.* » (Rogie et Despiques, 134). « *Il fut le père de la pensée indépendante.* » (Ibid.).

Son amour de la tolérance n'avait d'égal que son amour de l'humanité. « *Partout il plaide la cause de l'humanité et de la liberté avec autant de cœur que d'esprit.* » (Aulard, 209). « *Il protège (à Ferney) la colonie de 1,200 personnes qu'il a établie autour de son château. Il s'applique à faire le bonheur des paysans qui vivent autour de lui. Il reçoit les malheureux, victimes de l'injustice, qui viennent réclamer son appui.* » (Brossolette, 125).

Personne ne s'intéresse davantage au peuple. Quand Turgot est renvoyé par Louis XVI, Voltaire lui prend la main. « *Que je baise, dit-il, cette main qui a signé le salut du peuple.* » (Brossolette, p. 134). Quel patriote ne s'inclinerait devant un si grand citoyen ? « *Aujourd'hui encore, tous les adversaires de la République, tous les fanatiques rétrogrades ou pédants haïssent Voltaire. Il est aimé au contraire de tous ceux qui aiment la France libre et démocratique, issue de la Révolution française.* » (Aulard, p. 209). Enfin, pour tout dire, c'était la dignité en personne. « *Un grand seigneur, le chevalier de Rohan-Chabot, ayant un jour, chez le duc de Sully, demandé quel était ce jeune homme qui parlait si haut : « Monsieur le chevalier, riposta Voltaire, c'est un homme qui ne traîne pas un grand nom, mais qui honore celui qu'il porte. » A quelques jours de là le chevalier fit bâtonner sous ses yeux, après l'avoir attiré dans un guet-apens, l'imprudent Voltaire.* » (Brossolette, p. 134).

Nous venons d'entendre la première cloche. Voici maintenant la seconde. Sonneur : Voltaire lui-même. — 1° *Sa tolérance et son amour de la pensée indépendante.* — Jean-Baptiste Rousseau exilé, et auquel il en veut, rentre furtivement en France. « *Peut-on, écrit Voltaire à un avocat, dénoncer le misérable comme n'ayant pas gardé son ban ?* » La Baumelle a critiqué la *Henriade.* Voltaire, grâce à ses intrigues, parvient à le faire mettre à la Bastille. «*Il est très bien* à la Bastille, dit le comédien de tolérance ; c'était un chien enragé qu'on ne pouvait plus laisser dans les rues... Hélas ! il n'a été puni que de six mois de cachot. Ses crimes, sous un ministère moins indulgent, l'auraient conduit au supplice. »

Desfontaines a réfuté vivement, dans un libelle très fin, le *Préservatif*, de Voltaire. Celui-ci ne décolère pas. « *Ne pourrais-je point, dit-il, par le moyen de mes amis, conseillers au Parlement, demander qu'on fasse brûler le libelle ? Le bâtonnier ne pourrait-il pas le requérir lui-même ? Il me semble qu'on pourrait, au nom des avocats, en requérir le châtiment comme d'un libelle scandaleux.* » Voyez maintenant son animosité contre Fréron. « *Pourquoi permet-on que ce coquin de Fréron succède à ce maraud de Desfontaines ? Pourquoi souffrir Raffiat après Cartouche ? Est-ce que Bicêtre est plein ?* » Fréron vit d'ailleurs son journal supprimé. De la tolérance religieuse de Voltaire on sait ce qu'en vaut l'aune. La religion chrétienne, il l'appelle l'*Infâme*. « *Au milieu de toute votre gaieté, écrit-il aux frères et amis, tâchez toujours d'écraser l'infâme. Notre principale occupation dans cette vie doit être de combattre le monstre. Je ne vous demande que cinq ou six bons mots par jour, cela suffit, il n'en relèvera pas.* » « *Nos pères ont secoué une partie de ce joug affreux, mais tout nous dit qu'il est temps d'achever et de détruire*

de fond en comble l'idole. » Naturellement, les ordres religieux doivent
être proscrits. « *Est-ce que la proposition honnête et modeste d'étrangler
le dernier Jésuite avec les boyaux du
dernier Janséniste ne pourrait pas
amener les choses à quelque concilia-
tion ? Il ne serait pas mal qu'on en-
voyât chaque Jésuite dans le fond de
la mer avec un Janséniste au cou.* »,
etc., etc.

2°. — *Son amour du peuple et son
humanité.* — « *Le peuple sera toujours sot et barbare... Ce sont des
bœufs auxquels il faut un aiguillon,
un joug et du foin.* » « *A l'égard de
la canaille, je ne m'en mêle pas ; elle
restera toujours la canaille. Je cultive
mon jardin, mais il faut bien qu'il y
ait des crapauds.* » « *On n'a jamais
prétendu éclairer les cordonniers et
les servantes : c'est le partage des
apôtres.* » Instruire le peuple ! Quelle sottise ! « *Je vous remercie*, écrit-
il au misérable La Chalotais, *de pros-
crire l'étude chez les laboureurs. Moi
qui cultive la terre, je vous présente requête pour avoir des manœuvres
et non des clercs tonsurés. Envoyez-
moi surtout des frères ignorantins
pour conduire mes charrues et pour
les atteler.* » Quel bon démocrate que
M. de Voltaire ! Quant à l'humanité
qu'on lui attribue si généreusement,
nous rappellerons son indigne conduite à l'égard du malheureux im-
primeur Jore, qu'il trompa, dénonça,
fit mettre en prison et réduisit à la

misère noire, son association avec les
fournisseurs-voleurs de l'armée où il
gagna plus de six cent mille francs,
son autre association avec les né-
griers. « *Je me félicite avec vous, écrivait-il à un ami, de l'heureux succès
du navire le Congo, arrivé si à propos, sur la côte d'Afrique, pour soustraire à la mort tant de malheureux
nègres. Je me réjouis d'avoir fait une
bonne affaire.* » « *On nous reproche
le commerce des noirs. Ce commerce
démontre notre supériorité. Celui qui
se donne un maître était né pour en
avoir.* » Voilà le philanthrope. On
nous a vanté la générosité du seigneur
de Ferney. Nous pouvons en juger.
Il a acheté du foin à un paysan. Celui-ci vient en faire livraison. Voltaire
refuse de le recevoir, parce que depuis, une baisse est survenue. —
« Mais, Monsieur, j'ai votre parole »,
objecte le paysan. — « Ah ! tu as ma
parole ! Et bien ! garde-la et ton foin
aussi. » A un autre paysan, il refuse
de payer 280 francs pour bois de
chauffage qu'il lui a fourni. Et combien d'autres occasions, où il joignit
l'escroquerie à l'injustice.

3°. — *Son amour de la France.* —
Nous en avons une preuve irréfraga-
ble dans les flatteries dont il accable
Frédéric de Prusse, notre trop heureux vainqueur de Rosbach : « *Sire,
toute les fois que j'écris à Votre Ma-
jesté sur des affaires un peu sérieuses, je tremble comme nos régiments
à Rosbach.* » Pour lui les Français ne

sont pas des hommes, mais des *Welches*, c'est-à-dire quelque chose qui approche du néant. « *L'uniforme prussien ne doit servir qu'à faire mettre à genoux les Welches.* » « C'est une *chose bien extraordinaire que la nation Welche ! Peut-on réunir tant de vices et tant de vertus, tant d'esprit et tant de bêtise ? Et cependant cela joue encore un rôle dans l'Europe.* » « *Le fonds des Welches sera toujours sot et grossier.* » Tel fut Voltaire que l'on s'indigne tant d'avoir vu bâtonné par Rohan-Chabot. On oublie qu'il fut une autre fois bâtonné par ordre de son ami, Frédéric II, et une autre fois encore par un maître de maison qui l'avait surpris en flagrant délit. Ceux qui veulent se renseigner sur ce triste chapitre de la vie du philosophe, n'ont qu'à se reporter aux *Lettres de Mgr Dupanloup à propos de son centenaire* (1878), et particulièrement à la sixième intitulée : *Voltaire et Jeanne d'Arc, profonde immoralité de Voltaire.* Oui, il fut vraiment et pendant toute sa longue vie ce que ses professeurs l'avaient jugé avant sa sortie du collège : *Puer ingeniosus, sed insignis nebulo.* « Un gamin plein d'esprit, mais un vaurien complet. »

J'ai l'honneur de proposer respectueusement à MM. les instituteurs de donner ces quelques lignes pour commentaires à ce que disent les Manuels des écrivains si chers au bloc anticlérical.

XV

L'ANCIEN RÉGIME

A entendre certains Manuels, toute l'histoire, avant la Révolution, se résume dans l'ascension lente du peuple vers la conquête du bien-être, de la liberté sociale et politique, et tout naturellement cette ascension se trouve contrariée sans cesse par l'Eglise, l'aristocratie et la royauté. Lisez ce que disent : sur le servage, Brossolette, p. 18 ; Guiot et Mane, p. 38 ; Devinat, p. 11 ; Payot, MORALE A L'ÉCOLE, p. 198 ; Primaire, MANUEL DE LECTURES, p. 158 ; Calvet, p. 23 ; — Sur la misère des paysans : Brossolette, COURS ÉLÉMENTAIRE, p. 89 ; Primaire, MANUEL DE LECTURES, p. 158 : Calvet, p. 292 ; Rogie et Despiques, HISTOIRE, p. 23 ; Guiot et Mane, p. 146 ; — Sur la féodalité : Brossolette, p. 18 ; Guiot et Mane, p. 38 ; — Sur le moyen âge : Rogie et Despiques, LECTURES SUR LA CIVILISATION, ch. VII, IX, X ; Calvet, p. 56 ; — Sur la royauté : Aulard, HISTOIRE, p. 212 et suivantes ; Bayet, MORALE ET INSTRUCTION CIVIQUE, p. 44 ; Devinat, p. 74-75. Lisez tout ce fatras, si vous en avez le temps et la patience et vous me direz s'il est permis de verser ainsi le mépris sur des institutions qui eurent toutes leur utilité et leur grandeur.

3.

Certes, nous n'avons aucune admiration pour le servage. Eh bien ! prenons le serf, plaçons-le non pas au jour cru de notre civilisation actuelle, mais dans son temps, dans le cadre où il vivait, et demandons-lui s'il est malheureux. Neuf fois sur dix il nous répondra qu'il n'a pas envie de changer de condition, et si c'est un serf d'Eglise, il répétera le dicton célèbre : « Il fait bon vivre sous la crosse. »

Nous ne souhaitons nullement le retour de la féodalité antique (laquelle, entre parenthèses, valait au moins autant que la féodalité financière de qui tout dépend aujourd'hui). Eh bien ! faites renaître par la pensée cette féodalité d'autrefois, replacez-la dans la société dont elle était issue, et vous serez obligé de redire avec M. Guizot : « Ce qu'était la féodalité, elle devait l'être et ce qu'elle a fait, elle devait le faire. » On nous représente ses descendants du XVIII⁰ siècle comme fortement dégénérés. Ils ne l'étaient pas tous et la noblesse française se montrait encore supérieure à celle des pays voisins si nous en croyons Burke. « De mes meilleures observations comparées aux plus sagaces remarques d'autrui, écrit le célèbre voyageur anglais, il en résulte que la noblesse française est composée en grande partie d'hommes d'un haut esprit et d'un sentiment délicat de l'honneur, soit qu'ils pensent à leur propre dignité, soit à la considération générale de leur caste avec une sévérité que je n'ai remarquée en aucune autre contrée. Ils étaient suffisamment bien élevés et très obligeants, humains et hospitaliers, d'un esprit franc et ouvert, montrant dans leur conversation une sorte de bon ton militaire et une connaissance raisonnable de la littérature, surtout des auteurs français. Dans leurs relations avec leurs inférieurs, je les ai trouvés bons avec une nuance de familiarité plus accentuée qu'on ne peut la remarquer chez nous. Quant à battre quelqu'un même du rang le plus abject, c'était une chose en quelque sorte inconnue et qui eût été considérée comme vilaine. » Telles sont les réflexions d'un observateur attentif et sagace.

On parle de la misère du paysan. Nous avons dit plus haut ce qu'en pensait Siméon Luce pour celui du XIVe siècle. Prenez maintenant la *Vie Rurale au XVIe et XVIIe siècles*, d'Albert Babeau, et vous verrez que le paysan d'alors, loin d'être misérable, était plutôt heureux.

Les hommes ignorants ou prévenus méprisent le moyen âge, les hommes instruits et impartiaux le saluent comme l'époque « qui a créé les nationalités et les langues modernes... qui s'est approchée le plus près de l'idéal d'une société chrétienne... qui a fait de la papauté l'institution la plus respectée de l'univers... qui a établi nettement la distinction du spirituel et du temporel... qui a fondé la monarchie constitutionnelle et le gouvernement représentatif... qui a fait fleurir toutes les formes de l'association depuis la commune jusqu'à la corporation des métiers. » (Godefroid Kurth, passim). Le moyen âge, c'est l'époque des grands caractères. Ecoutons encore M. Guizot : « Dans beaucoup d'hommes, l'individualité était forte, la volonté énergique. Il y avait alors peu d'idées générales qui dominassent tous les esprits, peu d'événements qui, dans toutes les parties du territoire, dans toutes les situations pesassent sur les caractères. L'individu se déployait pour son compte, selon son penchant, irrégulièrement et avec confiance ; la nature morale de l'homme apparaissait çà et là dans toute son ambition, avec toute son énergie.»

Mais, et le croquemitaine de la royauté absolue avec sa Bastille et ses lettres de cachet. On peut répondre : 1° Que l'on souhaite à tous les prôneurs de liberté de servir à ceux qui les écoutent, un ordinaire aussi succulent que celui que la Bastille servait à ses prisonniers ; 2° que les lettres de cachet, si elles constituaient un abus, ont rendu par contre pas mal de services et que la plupart d'entre elles équivalaient aux arrêts des tribunaux envoyant les mineurs dangereux dans les maisons de correction. Je ne sais si la royauté française a jamais dégénéré en tyrannie, mais ce que je puis affirmer, c'est que jamais un gouvernement ne fut plus aimé ou, pour mieux dire, plus idolâtré. Laissons la parole à Taine : « Le peuple jusqu'en 1789, verra (dans le roi), le redresseur des torts, le gardien du droit, le protecteur des faibles, le grand aumônier, l'universel refuge. Au commencement du règne de Louis XVI, les cris de « Vive le Roi », qui commençaient à 6 heures du matin, n'étaient presque point interrompus jusqu'après le coucher du soleil. Quand naquit son dauphin, la joie de la France fut celle d'une famille ; on s'arrêtait dans les rues, on se parlait sans se connaître, on embrassait tous les gens que l'on connaissait. » (L'ANCIEN RÉGIME, chap. premier). Nous ne désirons pas du tout voir le rétablissement de la monarchie absolue, mais est-ce que ce n'est pas le Régime du Bon-Plaisir-Jacobin que certains manuels essaient de nous imposer par leur fétichisme de la loi. « *C'est plus particulièrement dans un pays républicain que l'obéissance aux lois est nécessaire ; toute infraction aux lois est une injustice et ces deux mots, injustice et République ne peuvent pas aller ensemble. Et d'ailleurs, qui a fait ou maintenu les lois qui nous régissent ? Nous-mêmes par nos représentants. Ne pas nous y soumettre serait de notre part une absurdité.* » (MANUEL D'ÉDUCATION, p. 158). Ainsi toutes les lois édictées depuis trente ans par la coalition judéo-franc-maçonnique sont sacrées. Celui qui a écrit cela s'appelle Primaire. Reconnaissons que jamais ce nom ne fut plus dignement porté.

XVI

L'IMMORTELLE RÉVOLUTION

Aux quatorze siècles d'Histoire de France qui ont précédé 1789, chaque Manuel consacre la moitié d'un volume ; c'est bien assez sans doute pour des époques de misère et de honte. Mais ce ne sera pas de trop de l'autre moitié du volume pour le siècle et demi qui va suivre. Gare aux régimes qui ne vous plaisent pas ; on usera contre eux de toutes les armes : prétéritions, médisances, calomnies.

L'histoire véridique nous vante la prospérité des dernières années du règne de Louis XVI. Raison de plus pour que les Manuels nous en tracent un tableau tout contraire. « *La situation de la France est déplorable... Le peuple meurt de faim ! Les paysans amaigris se nourrissent de châtaignes... En France, l'homme de la campagne peine du matin au soir. Que lui reste-t-il quand il a payé les lourds impôts du roi, du seigneur, du curé ? Rien. Non ! Un pareil état de choses ne saurait durer ! Le moment arrive où le faible se révolte contre des maîtres avides de plaisirs et égoïstes. Une révolution est nécessaire.* » (Guiot et Mane, p. 115). « *Une grande révolution va éclater. Pourquoi ? Vous le savez maintenant, mes enfants. Que deman-*

dera le peuple ? Les deux biens les plus précieux : la liberté et l'égalité. » (Guiot et Mane, Cf. Aulard, Récits Familiers, p. 36-37).

Elle commence cette grande Révolution et par un brigandage : la prise de la Bastille. « Brigandage, s'écrient MM. Guiot et Mane. Comment ? Mais on ne l'assaillit que pour empêcher la cour d'y mettre les députés opposants. » !! « *Qui prend la défense des généreux députés du Tiers-État que la royauté veut enfermer en prison ? Le brave peuple de Paris. Dans un magnifique élan, il s'empare de la Bastille, l'odieuse forteresse où la monarchie absolue a enfermé tant de prisonniers innocents.* » (Guiot et Mane, Cf. Aulard, Récits Familiers, p. 147). Quelqu'un a qualifié d'infamie historique le récit fait par Aulard de la victoire du peuple. Rien de plus juste. Il parle « *d'une bataille sanglante* ». Or, il n'y eut pas de bataille. Il prétend que le gouverneur de Launay « *fit tirer sur les parlementaires* » et que ce fut pour cela « *qu'il fut tué.* » (Cours supérieur, p. 226). Quel mensonge ! Les assaillants avaient promis la vie sauve à M. de Launay s'il abaissait les ponts-levis. Il se rendit sans résistance et la populace le massacra.

La saine philosophie a fait depuis longtemps justice de la fameuse *Déclaration des Droits de l'Homme* et des erreurs grossières qu'elle contient. Aulard y voit « *le plus grand monument de la civilisation des temps*

modernes. » (Récits Familiers, p. 147).
La fête de la Fédération, loin d'enrayer les excès, leur donne une impulsion nouvelle. Cela n'empêche pas Aulard de dire : « *L'effet moral de cette fête fut immense. Il donna aux Français le courage de continuer la Révolution, d'aller jusqu'au bout dans leur affranchissement.* « (Récits Familiers, p. 148). Malgré les embrassades du 14 juillet 1790 et les dithyrambes en l'honneur de la liberté, plus de 3,500 personnes furent massacrées sous la Constituante et 8,044 sous la Législative. Ce fut bien pis encore sous la Convention. Oh ! cette assemblée, combien elle est, malgré ses crimes, chère aux blocards ! Ils se gardent bien de nous dire qu'elle fut issue d'une infime minorité, 1,500,000 votants sur 4 millions et demi d'électeurs inscrits ; que sur 80,000 électeurs parisiens, Pétion fut nommé par 6,600 voix seulement ; Danton proclamé substitut du procureur de la Commune par 1,662 ; Chaumette et Hébert nommés membres de la Commune, dans leurs sections, l'un par 52 et l'autre par 56 voix.

Tout l'effort des Manuels tend à pallier ses excès. Aulard ne prononce pas une seule fois le mot de *Terreur*. Il se contente de dire : « *La Convention n'eut pas peur. Elle se battit avec énergie contre ses ennemis du dehors et du dedans. Beaucoup de sang fut versé et il y eut d'horribles souffrances.* » (Récits Familiers, p. 47-48). Elle a, selon lui « *eu le mérite de sauver la patrie* » et « *elle l'embellit par des institutions raisonnables* » (Ibidem, p. 48). A l'encontre des ces hypothèses toutes gratuites, M. de Barante, dans son *Histoire de la Convention*, nous montre le pays se sauvant sans elle et malgré elle. Désolés du gâchis de l'intérieur, les patriotes coururent aux frontières et ce fut leur bravoure qui repoussa l'étranger. Pendant ce temps, le Comité de Salut Public faisait périr les généraux Custine, Houchard, Beauharnais et emprisonnait les autres. Il fallut le 9 Thermidor pour sauver Hoche de l'échafaud. Dans les luttes intestines des conventionnels, on donne tort aux moins sanguinaires. « *La querelle des Girondins et des Montagnards était dangereuse en présence de l'ennemi. Le peuple y mit fin en forçant la Convention à décréter d'accusation les chefs de la Gironde.* » (Aulard, Récits Familiers, p. 16). Les mesures les plus odieuses prises par l'infernale assemblée puisent leur raison d'être dans le péril extérieur que courait la France. « *Après la mort de Louis XVI, toute l'Europe déclare la guerre à la France. Comment vaincre de si nombreux ennemis ? La terrible Convention se sauva en employant des mesures sans pitié ; elle établit à l'intérieur l'odieux régime de la Terreur.* » (Guiot et Mane, p. 128). « *Les ennemis de l'intérieur étaient toujours d'accord avec les ennemis de l'extérieur.* » (Aulard, Ré-

cits Familiers, p. 172). On déplore la
fin de Robespierre. « *Il eût suffi de
lui ôter le pouvoir.* » (Ibidem). Naturellement ceux qui se révolte contre
cette tyrannie sont dans leur tort.
« *Longtemps les paysans de la Vendée et les chouans de la Bretagne luttèrent contre la Révolution ; ils voulaient conserver le pouvoir des rois,
des nobles et des prêtres.* » (Brossolette, Cours Moyen, p. 118). Ils voulaient
surtout conserver la liberté de leur
conscience et leur foi. Inutile de dire
que, dans cette « guerre de géants »,
comme l'appelait Napoléon, tout l'hé-
roïsme est du côté des républicains.
Kléber et Hoche pensaient le contraire. Mais que pèse le jugement de ces
deux soldats auprès de celui de MM.
Brossolette et Aulard ?

La Convention a-t-elle à son actif,
comme ils le prétendent. de belles
institutions ? « *Elle discuta de très
beaux projets d'éducation populaire...
Elle s'associa aux fêtes de la Raison et
de l'Etre suprême... Elle s'attacha à
fonder de grandes écoles, dé grands
établissements scientifiques : Ecole
normale, Ecole polytechnique, Mu-
séum... Elle n'hésita pas à réaliser plei-
nement la liberté de conscience... Elle s'occupa des enfants abandonnés,
des malades qu'il faut secourir ; elle
multiplia les hospices, les hôpitaux...
Elle montra beaucoup d'humanité.* »
(Brossolette, Cours Moyen, p. 162).
Voyons ! Est-ce une gageure ?

L'instruction pendant la première Ré-

publique.—Cédons la parole à des ré-
volutionnaires bien cotés. Grégoire dit
à la tribune, le 14 fructidor, an II. :
« L'éducation nationale n'offre plus
que des décombres. Il nous reste des
collèges agonisants. Sur près de 600
districts, 67 ont quelques écoles pro-
visoires, cette lacune de six années a
fait presque écrouler les maîtres et les
sciences. » D'autres rapports consta-
tent que : « il n'y a pas le dixième des
enfants qui sachent lire. Il n'y a pas
d'écoles, disent-ils, moins encore de
professeurs. Ces derniers ne savent
même pas l'orthographe, ils sont
ivrognes, dévergondés ; on les fuit
parce qu'ils sont cyniques et impies.
Les élèves n'ont nulle subordination,
pas plus de tenue que les professeurs
n'ont de conduite. Encore, ces misérables professeurs, fait-on ce qu'on peut
pour les garder, mais vainement. »

Les fêtes auxquelles la Convention
prit part. Mais lisez ce qu'en dit
Taine : c'est le grotesque uni à l'o-
dieux.

*La liberté de conscience sous la
Convention.* — Ah ! oui, parlons-en.
N'a-t-elle pas fait au catholicisme une
guerre aussi atroce que celle d'Henri
VIII et de Cromwell en Angleterre ?

*L'humanité de la Convention et de
la première République, leur amour
des pauvres.* — Quand Bonaparte fit
faire la grande enquête sur l'état de la
France, on vit ce qu'il fallait en penser. A Marseille, sur 618 enfants placés à l'hôpital, 18 seulement avaient

survécu. A Toulon, 3 sur 104. Presque partout les malades étaient sans linge et vêtus de lambeaux. Les lits étaient sans couvertures, les paillasses sans paille, les fenêtres sans vitres. Les riches hôpitaux avaient 7 livres de viande par jour pour 80 malades ; les autres ne leur donnaient que des fèves. Les médecins, les employés restaient deux années sans être payés. Dans les hospices, ceux qui venaient chercher refuge, ne tardaient pas à devenir des squelettes vivants.

Il n'y a qu'une œuvre pour laquelle la Convention est restée sans rivale : c'est l'organisation du massacre et de la proscription. Nous mettons au défi les Manuels anticléricaux de reproduire la liste des victimes de la Révolution dressée par Prudhomme, un républicain pourtant convaincu celui-là. « Guillotinés : ci-devant nobles, 1,278 ; femmes nobles, 730 ; femmes de laboureurs et d'artisans, 1,467 ; religieuses, 350 ; prêtres, 1,135 ; hommes non nobles de divers états, 13,633. — Femmes mortes par suite de couches prématurées : 3,400. — Femmes enceintes et en couches : 348. — Femmes tuées dans la Vendée : 15,000. — Enfants : 22,000. — Morts dans la Vendée : 900,000. — Victimes de Carrier à Nantes : enfants fusillés, 500 ; noyés, 1,500 ; femmes fusillées, 264 ; noyées, 500 ; prêtres fusillés, 300 ; noyés, 460 ; nobles noyés, 1,400 ; artisans noyés, 5,300. » Dans ces nombres ne sont pas compris les massacrés à

Versailles, aux Carmes, à l'Abbaye, etc., à la Glaciaire d'Avignon ; les fusillés de Toulon et de Lyon, après le siège de ces deux villes ; ceux de la petite ville de Bédouin. Il faudrait y ajouter aussi plus de 200,000 émigrés fuyant la mort.

On a bonne grâce après cela à attaquer l'Inquisition !

XVII

LES GOUVERNEMENTS MODERNES

Le Premier Empire

Quand le czar vint en France, en 1896, un des premiers monuments que le président, Félix Faure, lui fit visiter, fut l'hôtel des Invalides et le tombeau de Napoléon 1er. C'est sans doute pour cela que M. Bayet écrit : « *Beaucoup de gens croient par exemple que Napoléon 1er est un grand homme. C'est une erreur. Napoléon fut un des plus habiles hommes de guerre qu'on ait jamais vus. Mais il se servit de son habileté pour ravager l'Europe et il a ruiné la France. Napoléon n'est pas un grand homme.* » (LEÇONS DE MORALE, 170). M. Bayet espère sans doute que la postérité ratifiera son jugement. Certes, entre lui et Napoléon elle saura choisir. M. Payot, un peu moins dur se contente de dire que « *jamais (Napoléon Ier) n'a pensé à l'avenir du pays* ». Il est vrai qu'il a signé le Concordat et établi toutes les administrations politiques, judiciaires et financières qui permettent encore à la France de faire figure en Europe. « *S'il est arrivé au pouvoir*, continue M. Brossolette, *c'est que parmi les Français, il s'en trouvait, les plus riches surtout, qui désiraient un maître. Ils demandaient un chef à qui tout le monde n'aurait qu'à obéir.* » Erreur ! Les riches ne furent pas seuls à pousser Bonaparte au pouvoir. Tout le monde en avait assez du gâchis créé par la Convention et le Directoire. Le premier Empire est né du chaos révolutionnaire. La France ressemblait aux écuries d'Augias : il fallait un Hercule pour la nettoyer. D'innombrables mémoires ont été publiés dans ces derniers temps sur les prodiges accomplis par la Grande Armée et son chef. Tous peuvent se résumer dans ce mot de Marbot : « Quel temps et quels hommes ! » Pour M. Primaire cela ne compte plus et empruntant la voix d'Erkmann-Chatrian, il nous donne un beau portrait des grognards : « *Bourreaux de crânes (qui) à force de rouler le monde, de batailler, de marauder, de piller en Italie, en Espagne, en Allemagne, en Pologne, n'avaient pour ainsi dire plus de patrie. Cela (ajoute-t-il) ne connaissait plus sa province, son* *village. Cela vous regardait père et mère, frères et sœurs d'un œil farouche et ne pensait plus qu'à l'avancement, à son petit verre, à son tabac, à son empereur.* » (MANUEL DE LECTURES CLASSIQUES, 225-226). Très bien ! Messieurs. Qu'aurez-vous à reprocher aux anarchistes si, un jour, ils déboulonnent la Colonne Vendôme et font sauter l'Arc de Triomphe ?

La Restauration

Nous ne nous attendons pas à ce qu'un gouvernement qui afficha des sentiments religieux très prononcés, soit bien traité par les Manuels. Ils accusent les Bourbons « *d'avoir trahi leur pays, d'être allés mendier contre lui les secours de l'étranger.* » (Aulard, 306). La vérité est qu'on fut bien heureux de les avoir pour s'interposer entre la France vaincue et les vainqueurs. Si on admire M. Thiers résistant aux prétentions d'une seule puissance : l'Allemagne, en doit, à plus forte raison, admirer les Bourbons résistant à toutes les puissances de l'Europe. Quand Louis XVIII envoyait dire à Blücher qui parlait de faire sauter le pont d'Iéna : « J'y ferai transporter mon trône avant qu'on mette le feu à la mine » ; quand il répondait au premier projet de traité présenté par Alexandre et les souverains alliés : « Je reprendrai le chemin de l'exil plutôt que de signer un pareil traité », il ne manquait, certes, pas de grandeur.

MM. Aulard (303), Devinat, 169) reprochent à la Restauration les excès de la Terreur-Blanche. Mais ils n'oublient qu'une seule chose : c'est que, à l'encontre de la Terreur-Rouge, qui était le fait du gouvernement révolutionnaire, la Terreur-Blanche fut réprimée par le gouvernement royal. Si l'on peut déplorer la condamnation du maréchal Ney, que ses services auraient dû faire amnistier, il faut aussi remarquer qu'on lui avait laissé tout le temps de fuir, à lui et aux autres proscrits. Et le milliard des émigrés ! (Aulard, 309). Comme si les malheureux auxquels on avait confisqué leurs biens, n'avaient droit à aucune indemnité. D'ailleurs, ce ne fut pas un milliard liquide qu'on leur partagea, mais seulement des inscriptions de rente 3 % représentant cette somme. Et la faveur accordée au clergé et les missions auxquelles tous les fonctionnaires étaient tenus d'assister ! (Brossolette, 214). Qu'on en dise ce qu'on voudra. Les missions remuèrent la France entière ; elles y ranimèrent la foi et si 1830 ne les avait pas interrompues, elles l'eussent peut-être transformée. « *Les prêtres, dit-on, manifestèrent leur intolérance en rendant obligatoire le repos du dimanche.* » (Rogie et Despiques). Eh ! mais, pourquoi la République a-t-elle décrété le Repos hebdomadaire pour les ouvriers ? Et puis quand donc la

Restauration a-t-elle pris les gens au collet pour les conduire à la messe ? « *On parlait de rétablir l'ancienne dîme si impopulaire dans les villages et les paysans s'alarmaient.* » (Devinat, 169). Oui, les soi-disant libéraux en faisaient courir le bruit, mais le pouvoir n'en avait nullement l'intention: « *Les Jésuites dénoncés en 1826 par le royaliste Montlosier donnaient lieu aux plaintes les plus légitimes.* » (Aulard, 310). Lesquelles ? s'il vous plaît. Leurs collèges étaient sans doute trop pleins et ils instruisaient trop bien la jeunesse. Et la congrégation, vous savez bien, la fameuse congrégation ! (Aulard, 305, Brossolette, 213). Alors les catholiques ne peuvent plus se réunir pour discuter les intérêts religieux et faire œuvre de piété et de zèle ! Et la persécution contre les carbonaros (Aulard, 305). Pauvres innocents, qui dans leurs conspirations continuelles ne reculaient même pas devant l'assassinat !

Le Gouvernement de Juillet

Celui-ci est un peu moins maltraité. Néanmoins, il ne saurait échapper à la tare cléricale ! « *Le parti de l'Eglise multipliait les congrégations, les écoles, s'emparait de la jeunesse, réclamait la liberté de l'enseignement et présentait la religion à la bourgeoisie comme un moyen de contenir les aspirations populaires.* » (Rogie et

Despiques, 213). Auriez-vous jamais cru que le gouvernement de Juillet, qui jusqu'ici passait pour voltairien, ait été aussi tendre vis-à-vis le parti religieux ? Mais nous allions oublier de cueillir une perle dans M. Aulard. *« Les députés continèrent à ne pas revevoir de traitement. Aussi les pauvres ne pouvaient remplir cet emploi.»* (316). C'est en effet chose inouïe d'être rétrograde à ce point-là !

Le Second Empire

Oh ! celui-ci aura bonne mesure. *« Un ambitieux, Louis Napoléon, s'empara du pouvoir par l'odieux coup d'État du 2 décembre 1851. La France a un maître. Pour la troisième fois, l'œuvre de la Révolution est compromise. »* (Guiot et Mane, 155). On n'oublie qu'une chose, c'est que, à l'instar du premier Empire, lequel était né des excès de la Révolution, le second fut amené par les journées de juin. La France épouvantée demandait un sauveur. Il s'en présenta un revêtu du prestige d'un grand nom. Elle le prit de confiance. On veut bien tout de même reconnaître quelque gloire aux dix premières années du second Empire. (Guiot et Mane, 155, Aulard, 341-342), mais on se rattrape sur les événements de 1870. *« A bout de ressources contre ses ennemis intérieurs, Napoléon III s'engage dans une guerre désastreuse. »* (Guiot et Mane). Pourtant il est prouvé que dès le mois de février 1870, le roi de Prusse, le prince Fritz, Bismarck et Roon se mettaient d'accord avec le général Prim pour poser la candidature Hohenzollern au trône d'Espagne, que ce fut la falsification de la dépêche d'Ems par Bismarck, qui amena chez nous l'explosion de colère nationale à laquelle le ministère Ollivier fut incapable de résister et enfin que si l'entourage de Napoléon III et l'impératrice voulaient la guerre, l'empereur ne la désirait pas. Mes Guiot et Mane semblent vouloir le trépigner. « *Le 1er septembre, Napoléon III vaincu à Sedan est fait prisonnier avec 80,000 Français... Quel lamentable spectacle ! Escortée par des cavaliers prussiens, une superbe calèche emporte le lâche empereur. Que lui importe la ruine de la France ! Personnellement il est satisfait. Le vainqueur lui donne pour résidence un magnifique château.* » (P. 158). Quand la haine s'abaisse à ce degré d'injustice, elle devient négligeable. Certes on peut faire bien des reproches à Napoléon III, mais il n'est pas permis de l'accuser de lâcheté et s'il ne fut pas tué à Sedan, c'est que la mort qu'il cherchait, ne voulut pas de lui.

XVIII

LA TROISIÈME RÉPUBLIQUE

En célébrant son avènement, les manuels commettent une lacune. Pas un mot de blâme pour les citoyens aventureux qui ont eu le triste courage de faire une révolution en face de l'ennemi. Rien que d'admirable dans leur conduite. Gambetta, particulièrement, possède toutes les qualités : *« cœur généreux, esprit très élevé... La France est pour lui, comme il le dit, une religion. Il possède la finesse et le bon sens d'un vieux politique. »* (Aulard, p. 361). Nous permettra-t-on de poser ici quelques questions peut-être indiscrètes.? Comment se fait-il que cet ardent patriote devint le familier du comte Hœnckel de Donnersmark ? Ce Prussien ne se recommandait pourtant par rien aux bons Français. Il avait été gouverneur de la Lorraine pendant l'invasion. Il avait déterminé Bismarck à porter à 5 milliards, le chiffre de notre indemnité fixé d'abord à 3 milliards par les banquiers de Berlin, et cependant, c'est par son intermédiaire que Gambetta s'aboucha avec le chancelier allemand et qu'il promit à celui-ci le rappel de notre ambassadeur à Berlin, M. de Gontaut, et le remplacement du ministre des affaires étrangères, le duc Decazes, par M. Waddington. Gontaut et Decazes gênaient, en effet, terriblement Bismarck. Pourquoi, pendant la crise du 16 mai, le partisan de la guerre à outrance lui fit-il faire par l'entremise de Crispi, notre ennemi acharné, une proposition de désarmement qui fut d'ailleurs écartée avec dédain ? Pourquoi sollicitat-il l'intervention haineuse de la presse allemande laquelle, en nous menaçant d'une nouvelle guerre, ne contribua pas peu à faire échouer la tentative du maréchal de Mac-Mahon ? (*Temps*, 17 mai 1899-11 décembre 1901). L'explication que nous allons proposer est très simple. Pour Gambetta, l'intérêt de la République passait avant celui de la France.

Très sympathiques aux auteurs du 4 septembre, les manuels se montrent d'autre part, trop doux pour l'insurrection du 18 mars. Sans doute, ses causes sont multiples, mais la principale fut incontestablement l'imprudence que commit le gouvernement du 4 septembre, en admettant dans la garde nationale de Paris tous les éléments, bons et mauvais, en augmentant inconsidérément ses effectifs, en lui accordant d'immenses avantages, en lui prodiguant les flatteries malgré les preuves de lâcheté qu'elle ne cessa de donner. On peut, il est vrai, reprocher à l'Assemblée Nationale plusieurs mesures intempestives telles que : la suppression de la paie à la garde nationale, le refus de proroger les échéances des loyers et des effets de commerce. Mais dire, comme le font Calvet, p. 244 ; Rogie, p. 252 ; Brossolette, p. 244 ; Aulard, p. 365 ; Devinat, p. 202 ; Guiot et Mane, p. 252, que l'insurrection eut pour causes : les souffrances endurées pendant le siège, l'exaspération du patriotisme déçu de la résistance incohérente de Trochu, et surtout la crainte d'une restauration monarchique, c'est fausser volontairement l'histoire. Les élections, à Paris, eurent lieu le même jour que dans les provinces, c'est-à-dire à un moment où la capitale ne pouvait nullement prévoir ce que feraient celles-ci, et les élections de Paris furent tout simplement démagogiques.

Si c'est là une injustice, c'en est une autre d'accuser de cruauté l'armée régulière. « *La répression est impitoyable* » (Guiot et Mane, p. 252). « *L'armée victorieuse se vengea cruellement.* » (Brossolette, p. 244). « *Les soldats exaspérés massacrèrent indistinctement fédérés et Parisiens paisibles. Après les fusillades et les tueries en masse, la répression à demi-légale continua longtemps à faire des victimes ; des conseils de guerre ordonnèrent par milliers des exécutions.* » (Rogie, p. 252). Je me demande comment un historien renseigné peut écrire de telles énormités. L'armée régulière perdit 7,514 soldats, tués ou blessés. Le nombre des com-

munards tués pendant la bataille ou
fusillés, monta à 6,500. On fit 38,578
prisonniers. La plupart furent arrêtés
pendant la bataille et l'énormité du
chiffre démontre éloquemment la
mansuétude de nos soldats et de leurs
officiers. Sur ces 38,578 individus,
967 moururent en prison, 1,090 furent
mis en liberté, 212 furent réclamés
par la justice civile. La justice militaire eut à statuer sur le sort de 36,309
accusés. Elle prononça 23,727 ordon-
nances de non-lieu, 2,445 acquitte-
ments et 10,131 condamnations à des
peines diverses. Dans ces peines, il
faut compter 110 condamnations à
mort. M. Thiers accorda 84 commu-
tations (et plusieurs à des assassins
avérés). 26 condamnés seulement furent exécutés sur le plateau de Satory.
Si les soldats avaient laissé les prisonniers à la discrétion de la foule, pas
un n'eût échappé. Et voilà comment
la répression fut impitoyable ! Voilà
comment les conseils de guerre ordonnèrent par milliers des exécutions !

Et maintenant laissons les manuels
emboucher la trompette et proclamer
à tous les échos la beauté idéale du
régime destiné à assurer aux Français un bonheur sans limite. « *Jamais
(plus qu'aujourd'hui) il n'y eut en
France autant de liberté. Jamais l'égalité et la justice ne furent mieux assu-
rées. Jamais on ne s'occupa avec autant de soin du bien-être du peuple...
La République veut être la protectrice*

des humbles, de ceux qui travaillent, luttent et souffrent. » (Devinat, p. 126). « Il n'y a plus de révolution. Pourquoi ? Parce que le peuple aime de tout cœur la République qui, seule proclame l'égalité complète entre tous les Français. Qu'ils sont nombreux les bienfaits de la République ! » Guiot, p. 104). « Si la France est forte, c'est pour mieux maintenir la paix. Elle veut qu'on respecte ses droits. Elle entend respecter les droits des autres. C'est par la justice et la fraternité qu'elle rayonnera dans le monde. » (Devinat, p. 126).

Régime de la liberté, de l'égalité, de la justice. Protection des humbles, rayonnement extérieur ! A côté de ces grands mots, plaçons la réalité des faits. Vous dites liberté. Les faits répondent : tyrannie des syndicats ouvriers qui disposent souverainement du monde du travail, émeutes, crimes contre les personnes et la propriété, commencement de Jacquerie, obligation pour le fonctionnaire de cacher ses croyances, d'être hypocrite ou impie ; obligation pour le père de famille d'envoyer ses enfants dans une école où il entendra bafouer sa religion ; interdiction de prier, de se dévouer en commun, expulsion de 100,000 religieux et religieuses, dont la moitié, pour pouvoir conserver leur genre de vie, doivent prendre le chemin de l'exil. Vous dites : égalité. Les faits répondent : népotisme et favoritisme. Vous dites : justice. Les faits répon-

dent : passe-droits, mépris des règles
les plus sacrées, trafic des décorations
et des places, essor laissé au liberti-
nage. Vous dites : protection des humbles. Les faits disent : privation de
tous les secours officiels au malheureux qui professe la moindre indé-
pendance. Vous dites : rayonnement
extérieur. Les faits répondent : Fa-
choda et Algésiras.

« Tout ce que vous voudrez, dit-
on. Il faut bien admettre tout de même qu'il est une œuvre dont nous
sommes redevables à la République :
j'entends l'organisation de l'instruction et c'est pour cela que je dis aux
enfants : « *Mes amis, de tout cœur,
remerciez la République. C'est elle
qui dans tous les villages a construit
vos écoles modèles.* » (Guiot, p. 168).
« *De nos jours, l'école est la plus belle
maison du village. L'instituteur est un
savant* (Ibid., p. 163). « *Les instituteurs laïques sont surtout respecta-
bles parce qu'ils sont des citoyens généreux et dévoués. En effet, ils travaillent beaucoup et prennent beaucoup de peine pour instruire les enfants. Dans une République, il n'y a
pas de profession plus belle et plus
noble que celle de l'instituteur.* »
(Bayet. INSTRUCTION, CIVIQUE, p. 78-79.
Cf. Calvet. COURS ÉLÉMENTAIRE, p. 180).

Le régime moderne s'est en effet
beaucoup occupé de l'instruction publique. De 70 millions qu'il était en
1879, son budget s'est élevé à 285 millions. Les dépenses pour les construc-

tions scolaires ont atteint, rien que de 1903 à 1907 plus de 140 millions. Le sort de l'instituteur est très acceptable. Le moindre titulaire débute à 1,200 francs et peut finir à 2,500 sans compter l'indemnité de logement et les autres gains. Il a la perspective d'une retraite assurée après trente ans d'exercice à 6 heures de classe pendant environ 175 jours par année. Quel travailleur de la terre et de l'atelier pourrait en espérer autant ?

Les résultats ? ! Attendez. Nous allons sur ce point céder la parole à Taine et à Jaurès. Le témoignage des cléricaux serait trop suspect. Parcourez le chapitre sur l'*École* dans le *Régime Moderne.* Pour Taine, l'école d'aujourd'hui est antinaturelle et antisociale, c'est « un entraînement artificiel, un remplissage mécanique, le surmenage des esprits. » Elle a comme conséquence « l'altération de l'équilibre moral et mental de l'homme ». L'écolier en sort « meurtri, aigri, froissé, fourbu, désillusionné, déçu » jetant à l'école cette malédiction : « Si nous sommes tels, c'est votre faute ! C'est pourquoi nous vous maudissons et nous bafouons votre monde tout entier ; et nous rejetons vos prétendues vérités qui, pour nous, sont des mensonges, y compris ces vérités élémentaires et primordiales que vous déclarez évidentes pour le sens commun et sur lesquelles vous fondez vos lois, vos institutions, votre société, votre phi-

losophie, vos sciences et vos arts. »
Telle est, ajoute-t-il, telle est l'œuvre
de l'Etat jacobin d'aujourd'hui, de la
Raison laïque qui siège à Paris, qui
parle dans les moindres et les plus
lointains villages de la France, petite
fille myope et à demi-domestiquée
de la formidable aveugle, l'aïeule brutale et forcenée qui, en 1793 et 1794,
trôna sous le même nom, à la même
place. »

Voilà le résultat intellectuel. Jaurès
va nous parler du résultat social.
« Vous avez voté des lois d'instruction, dit-il dans son célèbre discours
de décembre 1893 ; vous avez voulu
que l'instruction fût laïque et vous
avez bien fait. Ce que vous avez proclamé c'est que la seule raison suffisait à tous les hommes pour la conduite de la vie. Vous avez définitivement arraché le peuple à la tutelle de
l'Eglise et de ses dogmes. Vous avez
interrompu la vieille chanson qui
berçait la misère humaine et la misère humaine s'est réveillée avec des
cris ; elle s'est dressée devant vous.
Vous avez arrêté ce rayonnement religieux et vous avez concentré dans
les revendications sociales tout le feu
de la pensée, toute l'ardeur du désir.
C'est vous qui avez élevé la tempéra-
ture révolutionnaire du prolétariat ;
et si vous vous épouvantez aujour-
d'hui, c'est devant votre œuvre. »

Si les résultats intellectuels et so-
ciaux de l'école sans Dieu ne sont
rien moins que brillants, les résul-

tats moraux sont on ne peut plus contestables. Bien qu'il ne faille pas ajouter une foi aveugle aux statistiques, elles ne laissent pas cependant que de suggérer quelques réflexions. Que dites-vous de la suivante :

De 1831 à 1835 : 113.000 crimes et délits ; de 1846 à 1850 : 226.000 crimes et délits ; de 1841 à 1845 : 169.000 crimes et délits ; de 1846 à 1850 : 226.000 crimes et délits ; de 1851 à 1855 : 280.000 crimes et délits. — Remarque : Direction de l'instruction publique retirée à l'Eglise et donnée à des laïcs. *Augmentation rapide de la criminalité.*

De 1856 à 1860 : 266.000 crimes et délits. — Remarque : Rétablissement de l'organisation religieuse (loi Falloux). *Diminution de la criminalité.*

De 1861 à 1865 : 272.000 crimes et délits ; de 1865 à 1870 : 283.000 crimes et délits. — Remarque : Entrave de l'action religieuse dans les écoles par l'Empire. *Accroissement de la criminalité.*

De 1871 à 1875 : 250.000 crimes et délits. — Remarque : Loi Falloux améliorée au profit de l'Eglise. *Diminution considérable des crimes et délits.*

De 1876 à 1880 : 372.000 crimes et délits ; de 1881 à 1885 : 422.000 crimes et délits ; de 1886 à 1890 : 461.000 crimes et délits ; de 1891 à 1895 : 521.000 crimes et délits ; de 1896 à 1900 : 514.000 crimes et délits ; de 1901 à 1905 : 556.000 crimes et délits. — Remarque : Régime antireligieux, laïcisation continue de l'enseignement. *Progression effrayante de la criminalité.*

Voilà l'œuvre de Ferry et de Paul

Bert, continuée par Combes et les deux huguenots Buisson et Doumergue. Pères et mères de famille, ces sectaires veulent vos enfants pour leur inculquer leurs idées maudites, et n'allez pas leur objecter que vos enfants sont à vous.

... « L'enfant, dit M. Buisson, n'est pas une *chose* qui appartient à quelqu'un, il est une *personne* que nul n'a le droit de traiter comme sa chose, ni les parents, ni l'Etat, ni l'Eglise, ni des éducateurs quelconques. Et l'Etat, qui doit assurer la liberté des personnes, surtout de celles qui ne peuvent se défendre elles-mêmes, a le droit de protéger la personne en formation contre tout abus d'autorité de la part des personnes adultes qui en ont la charge. »

Et M. Payot dit encore plus crûment :

« Prétendre qu'en ce qui concerne le caractère religieux et moral de l'enseignement à donner à ses enfants, *le droit du père de famille est absolu, intangible*, est une doctrine effroyable, car il n'y a qu'un droit absolu et intangible, c'est le droit qu'a la pensée naissante de connaître toute la vérité et d'être élevée de façon à devenir capable de choisir sa destinée. Notre idéal n'est pas celui des naturels des îles Fidji : le devoir est de faire de l'enfant un homme libre, c'est-à-dire qui ne reconnaîtra, en dehors de l'autorité des lois (§ 145), que celle de la raison (§ 31). » (Cours de Morale).

Entre les jacobins, qui veulent vous enlever ce que vous avez de plus cher et les évêques, qui défendent énergiquement vos droits; pères et mères de famille, vous n'hésiterez pas un seul instant. Sans doute, en suivant les évêques, vous n'embrasserez pas le parti des plus forts, mais des plus sages. Eh bien ! quoi qu'on fasse, tôt ou tard, ce sont toujours les plus sages qui ont raison.

Hégésippe Verax.

TABLE DES MATIÈRES

ORLÉANS. — IMP. AUGUSTE GOUT & Cie

104